MALEIS

WOORDENSCHAT

THEMATISCHE WOORDENLIJST

NEDERLANDS
MALEIS

De meest bruikbare woorden
Om uw woordenschat uit te breiden en
uw taalvaardigheid aan te scherpen

7000 woorden

Thematische woordenschat Nederlands-Maleis - 7000 woorden

Door Andrey Taranov, Victor Pogadaev

Woordenlijsten van T&P Books zijn bedoeld om u woorden van een vreemde taal te helpen leren, onthouden, en bestudering. Dit woordenboek is ingedeeld in thema's en behandelt alle belangrijk terreinen van het dagelijkse leven, bedrijven, wetenschap, cultuur, etc.

Het proces van het leren van woorden met behulp van de op thema's gebaseerde aanpak van T&P Books biedt u de volgende voordelen:

- Correct gegroepeerde informatie is bepalend voor succes bij opeenvolgende stadia van het leren van woorden
- De beschikbaarheid van woorden die van dezelfde stam zijn maakt het mogelijk om woord-groepen te onthouden (in plaats van losse woorden)
- Kleine groepen van woorden faciliteren het proces van het aanmaken van associatieve verbin-dingen, die nodig zijn bij het consolideren van de woordenschat
- Het niveau van talenkennis kan worden ingeschat door het aantal geleerde woorden

T&P Books Publishing
www.tpbooks.com

ISBN: 978-1-78492-314-3

Dit boek is ook beschikbaar in e-boek formaat.
Gelieve www.tpbooks.com te bezoeken of de belangrijkste online boekwinkels.

MALEISE WOORDENSCHAT
nieuwe woorden leren

T&P Books woordenlijsten zijn bedoeld om u te helpen vreemde woorden te leren, te onthouden, en te bestuderen. De woordenschat bevat meer dan 7000 veel gebruikte woorden die thematisch geordend zijn.

* De woordenlijst bevat de meest gebruikte woorden
* Aanbevolen als aanvulling bij welke taalcursus dan ook
* Voldoet aan de behoeften van de beginnende en gevorderde student in vreemde talen
* Geschikt voor dagelijks gebruik, bestudering en zelftestactiviteiten
* Maakt het mogelijk om uw woordenschat te evalueren

Bijzondere kenmerken van de woordenschat

* De woorden zijn gerangschikt naar hun betekenis, niet volgens alfabet
* De woorden worden weergegeven in drie kolommen om bestudering en zelftesten te vergemakkelijken
* Woorden in groepen worden verdeeld in kleine blokken om het leerproces te vergemakkelijken
* De woordenschat biedt een handige en eenvoudige beschrijving van elk buitenlands woord

De woordenschat bevat 198 onderwerpen zoals:

Basisconcepten, getallen, kleuren, maanden, seizoenen, meeteenheden, kleding en accessoires, eten & voeding, restaurant, familieleden, verwanten, karakter, gevoelens, emoties, ziekten, stad, dorp, bezienswaardigheden, winkelen, geld, huis, thuis, kantoor, werken op kantoor, import & export, marketing, werk zoeken, sport, onderwijs, computer, internet, gereedschap, natuur, landen, nationaliteiten en meer ...

INHOUDSOPGAVE

UITSPRAAKGIDS

Letter	Maleis voorbeeld	T&P fonetisch alfabet	Nederlands voorbeeld
A a	batu	[a]	acht
B b	buku	[b]	hebben
C c	mac	[ʧ]	Tsjechië, cello
D d	dua	[d]	Dank u, honderd
E e	peta	[e:]	twee, ongeveer
F f	fakir	[f]	feestdag, informeren
G g	guru	[g]	goal, tango
H h	huruf	[h]	het, herhalen
I i	tiga	[i]	bidden, tint
J j	jip	[ʤ]	jeans, jungle
K k	kuda	[k]	kennen, kleur
L l	lupa	[l]	delen, luchter
M m	sama	[m]	morgen, etmaal
N n	dan	[n]	nemen, zonder
O o	bot	[o:]	rood, knoop
P p	pena	[p]	parallel, koper
Q q	Quran	[k]	kennen, kleur
R r	pura	[r]	trillende [r]
S s	surat	[s]	spreken, kosten
T t	toko	[t]	tomaat, taart
U u	sup	[u]	hoed, doe
V v	karavan	[v]	beloven, schrijven
W w	waktu	[w]	twee, willen
X x	Xerox	[ks]	links, maximaal
Y y	saya	[j]	New York, januari
Z z	zaman	[z]	zeven, zesde

Lettercombinaties

sy	syarat	[ʃ]	shampoo, machine
ny	nyaman	[ɲ]	cognac, nieuw
au	kalau	[au]	blauw
ai	capai	[aɪ]	byte, majoor
oi, ui	sepoi	[ɔɪ]	Hanoi, cowboy
gh	ghaib	[g]	goal, tango
ya	saya	[ja]	signaal, Spanjaard

AFKORTINGEN
gebruikt in de woordenschat

Nederlandse afkortingen

mann.	-	mannelijk
vrouw.	-	vrouwelijk
mv.	-	meervoud
on.ww.	-	onovergankelijk werkwoord
ov.ww.	-	overgankelijk werkwoord
bn	-	bijvoeglijk naamwoord
bw	-	bijwoord
abn	-	als bijvoeglijk naamwoord
bijv.	-	bijvoorbeeld
enz.	-	enzovoort
wisk.	-	wiskunde
enk.	-	enkelvoud
ov.	-	over
mil.	-	militair
vn	-	voornaamwoord
telb.	-	telbaar
form.	-	formele taal
ontelb.	-	ontelbaar
inform.	-	informele taal
vw	-	voegwoord
vz	-	voorzetsel
ww	-	werkwoord

Nederlandse artikelen

de	-	gemeenschappelijk geslacht
het	-	onzijdig
de/het	-	onzijdig, gemeenschappelijk geslacht

BASISBEGRIPPEN

Basisbegrippen Deel 1

1. Voornaamwoorden

ik	saya, aku	[saja], [akʊ]
jij, je	awak	[avak]
hij, zij, het	dia, ia	[dia], [ia]
wij, we	kami, kita	[kami], [kita]
jullie	kamu	[kamʊ]
U (form., enk.)	anda	[anda]
U (form., mv.)	anda	[anda]
zij, ze (levenloos)	ia	[ia]
zij, ze (levend)	mereka	[mreka]

2. Begroetingen. Begroetingen. Afscheid

Hallo! Dag!	Helo!	[helo]
Hallo!	Helo!	[helo]
Goedemorgen!	Selamat pagi!	[sɛlamat pagi]
Goedemiddag!	Selamat petang!	[sɛlamat pɛtaŋ]
Goedenavond!	Selamat petang!	[sɛlamat pɛtaŋ]
gedag zeggen (groeten)	bersapa	[bɛrsapa]
Hoi!	Hai!	[haɪ]
groeten (het)	sambutan	[sambʊtan]
verwelkomen (ww)	menyambut	[mɛɲjambʊt]
Hoe gaat het?	Apa khabar?	[apa kabar]
Is er nog nieuws?	Apa yang baru?	[apa jaŋ barʊ]
Dag! Tot ziens!	Sampai jumpa lagi!	[sampaɪ dʒumpa lagi]
Tot snel! Tot ziens!	Sampai jumpa lagi!	[sampaɪ dʒumpa lagi]
Vaarwel!	Selamat tinggal!	[sɛlamat tiŋgal]
afscheid nemen (ww)	minta diri	[minta diri]
Tot kijk!	Jumpa lagi!	[dʒumpa lagi]
Dank u!	Terima kasih!	[tɛrima kasih]
Dank u wel!	Terima kasih banyak!	[tɛrima kasih baɲak]
Graag gedaan	Sama-sama	[sama sama]
Geen dank!	Sama-sama!	[sama sama]
Geen moeite.	Sama-sama	[sama sama]
Excuseer me, … (inform.)	Maaf!	[ma:f]
Excuseer me, … (form.)	Minta maaf!	[minta ma:f]

excuseren (verontschuldigen)	memaafkan	[mɛma:fkan]
zich verontschuldigen	minta maaf	[minta ma:f]
Mijn excuses.	Maafkan saya	[ma:fkan saja]
Het spijt me!	Maaf!	[ma:f]
vergeven (ww)	memaafkan	[mɛma:fkan]
Maakt niet uit!	Tidak apa-apa!	[tidak apa apa]
alsjeblieft	sila, tolong	[sila], [toloŋ]

Vergeet het niet!	Jangan lupa!	[dʒaŋan lʊpa]
Natuurlijk!	Tentu!	[tɛntʊ]
Natuurlijk niet!	Tentu tidak!	[tɛntʊ tidak]
Akkoord!	Setuju!	[sɛtʊdʒʊ]
Zo is het genoeg!	Cukuplah!	[tʃʊkʊplah]

3. Kardinale getallen. Deel 1

nul	sifar	[sifar]
een	satu	[satʊ]
twee	dua	[dʊa]
drie	tiga	[tiga]
vier	empat	[ɛmpat]

vijf	lima	[lima]
zes	enam	[ɛnam]
zeven	tujuh	[tʊdʒʊh]
acht	lapan	[lapan]
negen	sembilan	[sɛmbilan]

tien	sepuluh	[sɛpʊlʊh]
elf	sebelas	[sɛblas]
twaalf	dua belas	[dʊa blas]
dertien	tiga belas	[tiga blas]
veertien	empat belas	[ɛmpat blas]

vijftien	lima belas	[lima blas]
zestien	enam belas	[ɛnam blas]
zeventien	tujuh belas	[tʊdʒʊh blas]
achttien	lapan belas	[lapan blas]
negentien	sembilan belas	[sɛmbilan blas]

twintig	dua puluh	[dʊa pʊlʊh]
eenentwintig	dua puluh satu	[dʊa pʊlʊh satʊ]
tweeëntwintig	dua puluh dua	[dʊa pʊlʊh dʊa]
drieëntwintig	dua puluh tiga	[dʊa pʊlʊh tiga]

dertig	tiga puluh	[tiga pʊlʊh]
eenendertig	tiga puluh satu	[tiga pʊlʊh satʊ]
tweeëndertig	tiga puluh dua	[tiga pʊlʊh dʊa]
drieëndertig	tiga puluh tiga	[tiga pʊlʊh tiga]

veertig	empat puluh	[ɛmpat pʊlʊh]
eenenveertig	empat puluh satu	[ɛmpat pʊlʊh satʊ]
tweeënveertig	empat puluh dua	[ɛmpat pʊlʊh dʊa]
drieënveertig	empat puluh tiga	[ɛmpat pʊlʊh tiga]

vijftig	lima puluh	[lima puluh]
eenenvijftig	lima puluh satu	[lima puluh satu]
tweeënvijftig	lima puluh dua	[lima puluh dua]
drieënvijftig	lima puluh tiga	[lima puluh tiga]

zestig	enam puluh	[ɛnam puluh]
eenenzestig	enam puluh satu	[ɛnam puluh satu]
tweeënzestig	enam puluh dua	[ɛnam puluh dua]
drieënzestig	enam puluh tiga	[ɛnam puluh tiga]

zeventig	tujuh puluh	[tudʒuh puluh]
eenenzeventig	tujuh puluh satu	[tudʒuh puluh satu]
tweeënzeventig	tujuh puluh dua	[tudʒuh puluh dua]
drieënzeventig	tujuh puluh tiga	[tudʒuh puluh tiga]

tachtig	lapan puluh	[lapan puluh]
eenentachtig	lapan puluh satu	[lapan puluh satu]
tweeëntachtig	lapan puluh dua	[lapan puluh dua]
drieëntachtig	lapan puluh tiga	[lapan puluh tiga]

negentig	sembilan puluh	[sɛmbilan puluh]
eenennegentig	sembulan puluh satu	[sɛmbulan puluh satu]
tweeënnegentig	sembilan puluh dua	[sɛmbilan puluh dua]
drieënnegentig	sembilan puluh tiga	[ɛembilan puluh tiga]

4. Kardinale getallen. Deel 2

honderd	seratus	[sɛratus]
tweehonderd	dua ratus	[dua ratus]
driehonderd	tiga ratus	[tiga ratus]
vierhonderd	empat ratus	[ɛmpat ratus]
vijfhonderd	lima ratus	[lima ratus]

zeshonderd	enam ratus	[ɛnam ratus]
zevenhonderd	tujuh ratus	[tudʒuh ratus]
achthonderd	lapan ratus	[lapan ratus]
negenhonderd	sembilan ratus	[sɛmbilan ratus]

duizend	seribu	[sɛribu]
tweeduizend	dua ribu	[dua ribu]
drieduizend	tiga ribu	[tiga ribu]
tienduizend	sepuluh ribu	[sɛpuluh ribu]
honderdduizend	seratus ribu	[sɛratus ribu]
miljoen (het)	juta	[dʒuta]
miljard (het)	billion	[billion]

5. Getallen. Breuken

breukgetal (het)	pecahan	[pɛtʃahan]
half	seperdua	[sɛpɛrdua]
een derde	sepertiga	[sɛpɛrtiga]
kwart	seperempat	[sɛpɛrɛmpat]

een achtste	seperlapan	[sɛpɛrlapan]
een tiende	sepersepuluh	[sɛpɛrsɛpʊlʊh]
twee derde	dua pertiga	[dʊa pɛrtiga]
driekwart	tiga suku	[tiga sʊkʊ]

6. Getallen. Eenvoudige berekeningen

aftrekking (de)	kira-kira tolak	[kira kira tolak]
aftrekken (ww)	tolak	[tolak]
deling (de)	pembahagian	[pɛmbahagian]
delen (ww)	membahagi	[mɛmbahagi]
optelling (de)	campuran	[ʧampʊran]
erbij optellen	mencampurkan	[mɛnʧampʊrkan]
(bij elkaar voegen)		
optellen (ww)	menambah	[mɛnambah]
vermenigvuldiging (de)	pendaraban	[pɛndaraban]
vermenigvuldigen (ww)	mengalikan	[mɛŋalikan]

7. Getallen. Diversen

cijfer (het)	angka	[aŋka]
nummer (het)	nombor	[nombor]
telwoord (het)	kata bilangan	[kata bilaŋan]
minteken (het)	minus	[minʊs]
plusteken (het)	plus	[plʊs]
formule (de)	formula, rumus	[formʊla], [rʊmʊs]
berekening (de)	penghitungan	[pɛŋhitʊŋan]
tellen (ww)	menghitung	[mɛŋhitʊŋ]
bijrekenen (ww)	menghitung	[mɛŋhitʊŋ]
vergelijken (ww)	membandingkan	[mɛmbandiŋkan]
Hoeveel?	Berapa?	[brapa]
som (de), totaal (het)	jumlah	[dʒʊmlah]
uitkomst (de)	hasil	[hasil]
rest (de)	sisa, baki	[sisa], [baki]
enkele (bijv. ~ minuten)	beberapa	[bɛbrapa]
weinig (bw)	sedikit	[sɛdikit]
restant (het)	bakinya	[bakiɲa]
anderhalf	satu setengah	[satʊ sɛtɛŋah]
dozijn (het)	dozen	[dozen]
middendoor (bw)	dua	[dʊa]
even (bw)	rata	[rata]
helft (de)	setengah	[sɛtɛŋah]
keer (de)	kali	[kali]

8. De belangrijkste werkwoorden. Deel 1

aanbevelen (ww)	menasihatkan	[mɛnasihatkan]
aandringen (ww)	mendesak	[mɛndɛsak]
aankomen (per auto, enz.)	datang	[dataŋ]
aanraken (ww)	menyentuh	[mɛɲentʊh]
adviseren (ww)	menasihatkan	[mɛnasihatkan]

afdalen (on.ww.)	turun	[tʊrʊn]
afslaan (naar rechts ~)	membelok	[mɛmblok]
antwoorden (ww)	menjawab	[mɛndʒavab]
bang zijn (ww)	takut	[takʊt]
bedreigen (bijv. met een pistool)	mengugut	[mɛŋʊgʊt]

bedriegen (ww)	menipu	[mɛnipʊ]
beëindigen (ww)	menamatkan	[mɛnamatkan]
beginnen (ww)	memulakan	[mɛmʊlakan]
begrijpen (ww)	memahami	[mɛmahami]
beheren (managen)	memimpin	[mɛmimpin]
beledigen (met scheldwoorden)	menghina	[mɛŋhina]

beloven (ww)	menjanji	[mɛndʒandʒi]
bereiden (koken)	memasak	[mɛmasak]
bespreken (spreken over)	membincangkan	[mɛmbintʃaŋkan]

bestellen (eten ~)	menempah	[mɛnɛmpah]
bestraffen (een stout kind ~)	menghukum	[mɛŋhʊkʊm]
betalen (ww)	membayar	[mɛmbajar]
betekenen (beduiden)	bererti	[bɛrɛrti]
betreuren (ww)	terkilan	[tɛrkilan]
bevallen (prettig vinden)	suka	[sʊka]
bevelen (mil.)	memerintah	[mɛmɛrintah]
bevrijden (stad, enz.)	membebaskan	[mɛmbebaskan]
bewaren (ww)	menyimpan	[mɛɲimpan]
bezitten (ww)	memiliki	[mɛmiliki]

bidden (praten met God)	bersembahyang	[bɛrɛembahjaŋ]
binnengaan (een kamer ~)	masuk	[masʊk]
breken (ww)	memecahkan	[mɛmɛtʃahkan]
controleren (ww)	mengawal	[mɛŋaval]
creëren (ww)	menciptakan	[mɛntʃiptakan]

deelnemen (ww)	menyertai	[mɛɲertai]
denken (ww)	berfikir	[bɛrfikir]
doden (ww)	membunuh	[mɛmbʊnʊh]
doen (ww)	membuat	[mɛmbʊat]
dorst hebben (ww)	haus	[haʊs]

9. De belangrijkste werkwoorden. Deel 2

een hint geven	memberi bayangan	[mɛmbri bajaŋan]
eisen (met klem vragen)	menuntut	[mɛnʊntʊt]

excuseren (vergeven)	memaafkan	[mɛma:fkan]
existeren (bestaan)	wujud	[vʊdʒʊd]
gaan (te voet)	berjalan	[bɛrdʒalan]
gaan zitten (ww)	duduk	[dʊdʊk]
gaan zwemmen	mandi	[mandi]
geven (ww)	memberi	[mɛmbri]
glimlachen (ww)	senyum	[sɛɲjym]
goed raden (ww)	meneka	[mɛnɛka]
grappen maken (ww)	berjenaka	[bɛrdʒɛnaka]
graven (ww)	menggali	[mɛŋgali]
hebben (ww)	mempunyai	[mɛmpʊɲai]
helpen (ww)	membantu	[mɛmbantʊ]
herhalen (opnieuw zeggen)	mengulang	[mɛŋʊlaŋ]
honger hebben (ww)	lapar	[lapar]
hopen (ww)	harap	[harap]
horen	mendengar	[mɛndeɲar]
(waarnemen met het oor)		
huilen (wenen)	menangis	[mɛnaŋis]
huren (huis, kamer)	menyewa	[mɛɲjeva]
informeren (informatie geven)	memberitahu	[mɛmbritahʊ]
instemmen (akkoord gaan)	setuju	[sɛtʊdʒʊ]
jagen (ww)	memburu	[mɛmbʊrʊ]
kennen (kennis hebben	kenal	[kɛnal]
van iemand)		
kiezen (ww)	memilih	[mɛmilih]
klagen (ww)	mengadu	[mɛŋadʊ]
kosten (ww)	berharga	[bɛrharga]
kunnen (ww)	boleh	[bole]
lachen (ww)	ketawa	[kɛtava]
laten vallen (ww)	tercicir	[tɛrtʃitʃir]
lezen (ww)	membaca	[mɛmbatʃa]
liefhebben (ww)	mencintai	[mɛntʃintai]
lunchen (ww)	makan tengah hari	[makan tɛŋah hari]
nemen (ww)	mengambil	[mɛŋambil]
nodig zijn (ww)	diperlukan	[dipɛrlʊkan]

10. De belangrijkste werkwoorden. Deel 3

onderschatten (ww)	memperkecilkan	[mɛmpɛrkɛtʃilkan]
ondertekenen (ww)	menandatangani	[mɛnandataɲani]
ontbijten (ww)	makan pagi	[makan pagi]
openen (ww)	membuka	[mɛmbʊka]
ophouden (ww)	memberhentikan	[mɛmbɛrhentikan]
opmerken (zien)	memerhatikan	[mɛmɛrhatikan]
opscheppen (ww)	bercakap besar	[bɛrtʃakap bɛsar]
opschrijven (ww)	mencatat	[mɛntʃatat]

plannen (ww)	merancang	[mɛrantʃaŋ]
prefereren (verkiezen)	lebih suka	[lɛbih sʊka]
proberen (trachten)	mencuba	[mɛntʃʊba]
redden (ww)	menyelamatkan	[mɛɲjelamatkan]

rekenen op ...	mengharapkan	[mɛŋharapkan]
rennen (ww)	lari	[lari]
reserveren	menempah	[mɛnɛmpah]
(een hotelkamer ~)		
roepen (om hulp)	memanggil	[mɛmaŋgil]
schieten (ww)	menembak	[mɛnembak]
schreeuwen (ww)	berteriak	[bɛrtɛriak]

schrijven (ww)	menulis	[mɛnʊlis]
souperen (ww)	makan malam	[makan malam]
spelen (kinderen)	bermain	[bɛrmaɪn]
spreken (ww)	bercakap	[bɛrtʃakap]
stelen (ww)	mencuri	[mɛntʃʊri]
stoppen (pauzeren)	berhenti	[bɛrhɛnti]

studeren (Nederlands ~)	mempelajari	[mɛmpɛladʒari]
sturen (zenden)	mengirim	[mɛɲirim]
tellen (optellen)	menghitung	[mɛŋhitʊŋ]
toebehoren ...	kepunyaan	[kɛpʊɲja:n]
toestaan (ww)	mengizinkan	[mɛɲiziŋkan]
tonen (ww)	menunjukkan	[mɛnʊndʒʊkkan]

twijfelen (onzeker zijn)	ragu-ragu	[ragʊ ragʊ]
uitgaan (ww)	keluar	[kɛlʊar]
uitnodigen (ww)	menjemput	[mɛndʒɛmpʊt]
uitspreken (ww)	menyebut	[mɛɲjebʊt]
uitvaren tegen (ww)	memarahi	[mɛmarahi]

11. De belangrijkste werkwoorden. Deel 4

vallen (ww)	jatuh	[dʒatʊh]
vangen (ww)	menangkap	[mɛnaŋkap]
veranderen (anders maken)	mengubah	[mɛŋʊbah]
verbaasd zijn (ww)	hairan	[haɪran]
verbergen (ww)	menyorokkan	[mɛɲʲorokkan]

verdedigen (je land ~)	membela	[mɛmbɛla]
verenigen (ww)	menyatukan	[mɛɲjatʊkan]
vergelijken (ww)	membandingkan	[mɛmbandiŋkan]
vergeten (ww)	melupakan	[mɛlʊpakan]
vergeven (ww)	memaafkan	[mɛma:fkan]

verklaren (uitleggen)	menjelaskan	[mɛndʒɛlaskan]
verkopen (per stuk ~)	menjual	[mɛndʒʊal]
vermelden (praten over)	menyebut	[mɛɲjebʊt]
versieren (decoreren)	menghiasi	[mɛŋhiasi]
vertalen (ww)	menterjemahkan	[mɛntɛrdʒɛmahkan]
vertrouwen (ww)	mempercayai	[mɛmpɛrtʃajai]
vervolgen (ww)	meneruskan	[mɛnɛrʊskan]

verwarren (met elkaar ~)	mengelirukan	[mɛŋɛlirʊkan]
verzoeken (ww)	meminta	[mɛminta]
verzuimen (school, enz.)	meninggalkan	[mɛniŋgalkan]

vinden (ww)	menemui	[mɛnɛmʊi]
vliegen (ww)	terbang	[tɛrbaŋ]
volgen (ww)	mengikuti	[mɛŋikʊti]
voorstellen (ww)	mencadangkan	[mɛntʃadaŋkan]
voorzien (verwachten)	menjangkakan	[mɛndʒaŋkakan]
vragen (ww)	menyoal	[mɛɲⁱoal]

waarnemen (ww)	menyaksikan	[mɛɲjaksikan]
waarschuwen (ww)	memperingati	[mɛmpɛriŋati]
wachten (ww)	menunggu	[mɛnʊŋgʊ]
weerspreken (ww)	membantah	[mɛmbantah]
weigeren (ww)	menolak	[mɛnolak]

werken (ww)	bekerja	[bɛkɛrdʒa]
weten (ww)	tahu	[tahʊ]
willen (verlangen)	mahu, hendak	[mahʊ], [hɛndak]
zeggen (ww)	berkata	[bɛrkata]
zich haasten (ww)	tergesa-gesa	[tɛrgɛsa gɛsa]

zich interesseren voor ...	menaruh minat	[mɛnarʊh minat]
zich vergissen (ww)	salah	[salah]
zich verontschuldigen	minta maaf	[minta maːf]
zien (ww)	melihat	[mɛlihat]
zijn (leraar ~)	ialah	[ialah]

zijn (op dieet ~)	sedang	[sɛdaŋ]
zoeken (ww)	mencari	[mɛntʃari]
zwemmen (ww)	berenang	[bɛrɛnaŋ]
zwijgen (ww)	diam	[diam]

12. Kleuren

kleur (de)	warna	[varna]
tint (de)	sisip warna	[sisip varna]
kleurnuance (de)	warna	[varna]
regenboog (de)	pelangi	[pɛlaɲi]

wit (bn)	putih	[pʊtih]
zwart (bn)	hitam	[hitam]
grijs (bn)	abu-abu	[abʊ abʊ]

groen (bn)	hijau	[hidʒaʊ]
geel (bn)	kuning	[kʊniŋ]
rood (bn)	merah	[merah]

blauw (bn)	biru	[birʊ]
lichtblauw (bn)	biru muda	[birʊ mʊda]
roze (bn)	merah jambu	[merah dʒambʊ]
oranje (bn)	oren, jingga	[oren], [dʒiŋga]
violet (bn)	ungu	[ʊŋʊ]

bruin (bn)	coklat	[tʃoklat]
goud (bn)	emas	[ɛmas]
zilverkleurig (bn)	keperak-perakan	[kɛperak perakan]

beige (bn)	kuning air	[kʊniŋ air]
roomkleurig (bn)	putih kuning	[pʊtih kʊniŋ]
turkoois (bn)	firus	[firʊs]
kersrood (bn)	merah ceri	[merah tʃeri]
lila (bn)	ungu	[ʊŋʊ]
karmijnrood (bn)	merah lembayung	[merah lɛmbayŋ]

licht (bn)	terang	[tɛraŋ]
donker (bn)	gelap	[glap]
fel (bn)	berkilau	[bɛrkilaʊ]

kleur-, kleurig (bn)	berwarna	[bɛrvarna]
kleuren- (abn)	berwarna	[bɛrvarna]
zwart-wit (bn)	hitam-putih	[hitam pʊtih]
eenkleurig (bn)	polos	[polos]
veelkleurig (bn)	beraneka warna	[bɛraneka varna]

13. Vragen

Wie?	Siapa?	[siapa]
Wat?	Apa?	[apa]
Waar?	Di mana?	[di mana]
Waarheen?	Ke mana?	[kɛ mana]
Waar ... vandaan?	Dari mana?	[dari mana]
Wanneer?	Bila?	[bila]
Waarom?	Untuk apa?	[ʊntʊk apa]
Waarom?	Mengapa?	[mɛŋapa]

Waarvoor dan ook?	Untuk apa?	[ʊntʊk apa]
Hoe?	Bagaimana?	[bagaɪmana]
Wat voor ...?	Apa? Yang mana?	[apa], [jaŋ mana]
Welk?	Yang mana?	[jaŋ mana]

Aan wie?	Kepada siapa?	[kɛpada siapa]
Over wie?	Tentang siapa?	[tɛntaŋ siapa]
Waarover?	Tentang apa?	[tɛntaŋ apa]
Met wie?	Dengan siapa?	[dɛŋan siapa]

| Hoeveel? | Berapa? | [brapa] |
| Van wie? | Siapa punya? | [siapa pʊɲa] |

14. Functiewoorden. Bijwoorden. Deel 1

Waar?	Di mana?	[di mana]
hier (bw)	di sini	[di sini]
daar (bw)	di situ	[di sitʊ]
ergens (bw)	pada sesuatu tempat	[pada sɛsʊatʊ tɛmpat]
nergens (bw)	tak di mana-mana	[tak di mana mana]

bij ... (in de buurt)	dekat, kat	[dɛkat], [kat]
bij het raam	kat tingkap	[kat tiŋkap]
Waarheen?	Ke mana?	[kɛ mana]
hierheen (bw)	ke sini	[kɛ sini]
daarheen (bw)	ke situ	[kɛ sitʊ]
hiervandaan (bw)	dari sini	[dari sini]
daarvandaan (bw)	dari situ	[dari sitʊ]
dichtbij (bw)	dekat	[dɛkat]
ver (bw)	jauh	[dʒaʊh]
in de buurt (van ...)	dekat	[dɛkat]
vlakbij (bw)	dekat	[dɛkat]
niet ver (bw)	tidak jauh	[tidak dʒaʊh]
linker (bn)	kiri	[kiri]
links (bw)	di kiri	[di kiri]
linksaf, naar links (bw)	ke kiri	[kɛ kiri]
rechter (bn)	kanan	[kanan]
rechts (bw)	di kanan	[di kanan]
rechtsaf, naar rechts (bw)	ke kanan	[kɛ kanan]
vooraan (bw)	di depan	[di dɛpan]
voorste (bn)	depan	[dɛpan]
vooruit (bw)	ke depan	[kɛ dɛpan]
achter (bw)	di belakang	[di blakaŋ]
van achteren (bw)	dari belakang	[dari blakaŋ]
achteruit (naar achteren)	mundur	[mʊndʊr]
midden (het)	tengah	[tɛŋah]
in het midden (bw)	di tengah	[di tɛŋah]
opzij (bw)	dari sisi	[dari sisi]
overal (bw)	di mana-mana	[di mana mana]
omheen (bw)	di sekitar	[di sɛkitar]
binnenuit (bw)	dari dalam	[dari dalam]
naar ergens (bw)	entah ke mana	[ɛntah kɛ mana]
rechtdoor (bw)	terus	[trʊs]
terug (bijv. ~ komen)	balik	[balik]
ergens vandaan (bw)	dari sesuatu tempat	[dari sɛsʊatʊ tɛmpat]
ergens vandaan (en dit geld moet ~ komen)	entah dari mana	[ɛntah dari mana]
ten eerste (bw)	pertama	[pɛrtama]
ten tweede (bw)	kedua	[kɛdʊa]
ten derde (bw)	ketiga	[kɛtiga]
plotseling (bw)	tiba-tiba	[tiba tiba]
in het begin (bw)	mula-mula	[mʊla mʊla]
voor de eerste keer (bw)	pertama kali	[pɛrtama kali]
lang voor ... (bw)	lama sebelum	[lama sɛbɛlʊm]

| opnieuw (bw) | semula | [sɛmʊla] |
| voor eeuwig (bw) | untuk selama-lamanya | [ʊntʊk sɛlama lamaɲa] |

nooit (bw)	tidak sekali-kali	[tidak sɛkali kali]
weer (bw)	lagi, semula	[lagi], [sɛmʊla]
nu (bw)	sekarang, kini	[sɛkaraŋ], [kini]
vaak (bw)	seringkali	[sɛriŋkali]
toen (bw)	ketika itu	[kɛtika itʊ]
urgent (bw)	segera	[sɛgɛra]
meestal (bw)	biasanya	[bijasaɲa]

trouwens, ... (tussen haakjes)	oh ya	[o ja]
mogelijk (bw)	mungkin	[mʊŋkin]
waarschijnlijk (bw)	mungkin	[mʊŋkin]
misschien (bw)	mungkin	[mʊŋkin]
trouwens (bw)	selain itu	[sɛlaɪn itʊ]
daarom ...	kerana itu	[krana itʊ]
in weerwil van ...	meskipun	[mɛskipʊn]
dankzij ...	berkat	[bɛrkat]

wat (vn)	apa	[apa]
dat (vw)	bahawa	[bahva]
iets (vn)	sesuatu	[sɛsʊatʊ]
iets	sesuatu	[sɛsʊatʊ]
niets (vn)	tidak apa-apa	[tidak apa apa]

wie (~ is daar?)	siapa	[siapa]
iemand (een onbekende)	seseorang	[sɛsɛoraŋ]
iemand (een bepaald persoon)	seseorang	[sɛsɛeoraŋ]

niemand (vn)	tak seorang pun	[tak sɛoraŋ pʊn]
nergens (bw)	tak ke mana pun	[tak ke mana pʊn]
niemands (bn)	tak bertuan	[tak bɛrtʊan]
iemands (bn)	milik seseorang	[milik sɛsɛoraŋ]

zo (Ik ben ~ blij)	begitu	[bɛgitʊ]
ook (evenals)	juga	[dʒʊga]
alsook (eveneens)	juga	[dʒʊga]

15. Functiewoorden. Bijwoorden. Deel 2

Waarom?	Mengapa?	[mɛŋapa]
om een bepaalde reden	entah mengapa	[ɛntah meŋapa]
omdat ...	oleh kerana	[oleh krana]
voor een bepaald doel	entah untuk apa	[ɛntah ʊntʊk apa]

en (vw)	dan	[dan]
of (vw)	atau	[ataʊ]
maar (vw)	tetapi	[tɛtapi]
voor (vz)	untuk	[ʊntʊk]
te (~ veel mensen)	terlalu	[tɛrlalʊ]
alleen (bw)	hanya	[haɲa]

precies (bw)	tepat	[tɛpat]
ongeveer (~ 10 kg)	sekitar	[sɛkitar]
omstreeks (bw)	lebih kurang	[lɛbih kuraŋ]
bij benadering (bn)	lebih kurang	[lɛbih kuraŋ]
bijna (bw)	hampir	[hampir]
rest (de)	yang lain	[jaŋ laɪn]
de andere (tweede)	kedua	[kɛdʊa]
ander (bn)	lain	[laɪn]
elk (bn)	setiap	[sɛtiap]
om het even welk	sebarang	[sɛbaraŋ]
veel (grote hoeveelheid)	ramai, banyak	[ramaɪ], [baɲak]
veel mensen	ramai orang	[ramaɪ oraŋ]
iedereen (alle personen)	semua	[sɛmʊa]
in ruil voor …	sebagai pertukaran untuk	[sɛbagaɪ pɛrtʊkaran ʊntʊk]
in ruil (bw)	sebagai tukaran	[sɛbagaɪ tʊkaran]
met de hand (bw)	dengan tangan	[dɛŋan taŋan]
onwaarschijnlijk (bw)	mustahil	[mʊstahil]
waarschijnlijk (bw)	mungkin	[mʊŋkin]
met opzet (bw)	sengaja	[sɛŋadʒa]
toevallig (bw)	tidak sengaja	[tidak sɛŋadʒa]
zeer (bw)	sangat	[saŋat]
bijvoorbeeld (bw)	misalnya	[misalɲa]
tussen (~ twee steden)	antara	[antara]
tussen (te midden van)	di antara	[di antara]
zoveel (bw)	seberapa ini	[sɛbrapa ini]
vooral (bw)	terutama	[tɛrʊtama]

Basisbegrippen Deel 2

16. Dagen van de week

maandag (de)	Hari Isnin	[hari isnin]
dinsdag (de)	Hari Selasa	[hari sɛlasa]
woensdag (de)	Hari Rabu	[hari rabʊ]
donderdag (de)	Hari Khamis	[hari kamis]
vrijdag (de)	Hari Jumaat	[hari dʒʊmaːt]
zaterdag (de)	Hari Sabtu	[hari sabtʊ]
zondag (de)	Hari Ahad	[hari ahad]
vandaag (bw)	hari ini	[hari ini]
morgen (bw)	besok	[besok]
overmorgen (bw)	besok lusa	[besok lʊsa]
gisteren (bw)	semalam	[sɛmalam]
eergisteren (bw)	kelmarin	[kɛlmarin]
dag (de)	hari	[hari]
werkdag (de)	hari kerja	[hari kɛrdʒa]
feestdag (de)	cuti umum	[tʃʊti ʊmʊm]
verlofdag (de)	hari kelepasan	[hari kɛlɛpasan]
weekend (het)	hujung minggu	[hʊdʒʊŋ miŋgʊ]
de hele dag (bw)	seluruh hari	[sɛlʊrʊh hari]
de volgende dag (bw)	pada hari berikutnya	[pada hari bɛrikʊtɲa]
twee dagen geleden	dua hari lepas	[dʊa hari lɛpas]
aan de vooravond (bw)	menjelang	[mɛndʒɛlaŋ]
dag-, dagelijks (bn)	harian	[harian]
elke dag (bw)	setiap hari	[sɛtiap hari]
week (de)	minggu	[miŋgʊ]
vorige week (bw)	pada minggu lepas	[pada miŋgʊ lɛpas]
volgende week (bw)	pada minggu berikutnya	[pada miŋgʊ bɛrikʊtɲa]
wekelijks (bn)	mingguan	[miŋgʊan]
elke week (bw)	setiap minggu	[sɛtiap miŋgʊ]
twee keer per week	dua kali seminggu	[dʊa kali sɛmiŋgʊ]
elke dinsdag	setiap Hari Selasa	[sɛtiap hari sɛlasa]

17. Uren. Dag en nacht

morgen (de)	pagi	[pagi]
's morgens (bw)	pagi hari	[pagi hari]
middag (de)	tengah hari	[tɛŋah hari]
's middags (bw)	petang hari	[pɛtaŋ hari]
avond (de)	petang, malam	[pɛtaŋ], [malam]
's avonds (bw)	pada waktu petang	[pada vaktʊ pɛtaŋ]

nacht (de)	malam	[malam]
's nachts (bw)	pada malam	[pada malam]
middernacht (de)	tengah malam	[tɛŋah malam]

seconde (de)	saat	[saːt]
minuut (de)	minit	[minit]
uur (het)	jam	[dʒam]
halfuur (het)	separuh jam	[sɛparʊh dʒam]
kwartier (het)	suku jam	[sʊkʊ dʒam]
vijftien minuten	lima belas minit	[lima blas minit]
etmaal (het)	siang malam	[siaŋ malam]

zonsopgang (de)	matahari terbit	[matahari tɛrbit]
dageraad (de)	subuh	[sʊbʊh]
vroege morgen (de)	awal pagi	[aval pagi]
zonsondergang (de)	matahari terbenam	[matahari tɛrbɛnam]

's morgens vroeg (bw)	pagi-pagi	[pagi pagi]
vanmorgen (bw)	pagi ini	[pagi ini]
morgenochtend (bw)	besok pagi	[bɛsok pagi]
vanmiddag (bw)	petang ini	[pɛtaŋ ini]
's middags (bw)	petang hari	[pɛtaŋ hari]
morgenmiddag (bw)	besok petang	[besok pɛtaŋ]
vanavond (bw)	petang ini	[pɛtaŋ ini]
morgenavond (bw)	besok malam	[besok malam]

klokslag drie uur	pukul 3 tepat	[pʊkʊl tiga tɛpat]
ongeveer vier uur	sekitar pukul 4	[sɛkitar pʊkʊl ɛmpat]
tegen twaalf uur	sampai pukul 12	[sampaɪ pʊkʊl dʊa blas]

over twintig minuten	selepas 20 minit	[sɛlɛpas dʊa pʊlʊh minit]
over een uur	selepas satu jam	[sɛlɛpas satu dʒam]
op tijd (bw)	tepat pada masanya	[tɛpat pada masaɲa]

kwart voor …	kurang suku	[kʊraŋ sʊkʊ]
binnen een uur	selama sejam	[sɛlama sɛdʒam]
elk kwartier	setiap 15 minit	[sɛtiap lima blas minit]
de klok rond	siang malam	[siaŋ malam]

18. Maanden. Seizoenen

januari (de)	Januari	[dʒanʊari]
februari (de)	Februari	[febrʊari]
maart (de)	Mac	[matʃ]
april (de)	April	[april]
mei (de)	Mei	[meɪ]
juni (de)	Jun	[dʒʊn]

juli (de)	Julai	[dʒʊlaɪ]
augustus (de)	Ogos	[ogos]
september (de)	September	[septembɛr]
oktober (de)	Oktober	[oktobɛr]
november (de)	November	[novembɛr]
december (de)	Disember	[disembɛr]

lente (de)	musim bunga	[mʊsim bʊŋa]
in de lente (bw)	pada musim bunga	[pada mʊsim bʊŋa]
lente- (abn)	musim bunga	[mʊsim bʊŋa]
zomer (de)	musim panas	[mʊsim panas]
in de zomer (bw)	pada musim panas	[pada mʊsim panas]
zomer-, zomers (bn)	musim panas	[mʊsim panas]
herfst (de)	musim gugur	[mʊsim gʊgʊr]
in de herfst (bw)	pada musim gugur	[pada mʊsim gʊgʊr]
herfst- (abn)	musim gugur	[mʊsim gʊgʊr]
winter (de)	musim sejuk	[mʊsim sɛdʒʊk]
in de winter (bw)	pada musim sejuk	[pada mʊsim sɛdʒʊk]
winter- (abn)	musim sejuk	[mʊsim sɛdʒʊk]
maand (de)	bulan	[bʊlan]
deze maand (bw)	pada bulan ini	[pada bʊlan ini]
volgende maand (bw)	pada bulan berikutnya	[pada bʊlan bɛrikʊtɲa]
vorige maand (bw)	pada bulan yang lepas	[pada bʊlan jaŋ lɛpas]
een maand geleden (bw)	sebulan lepas	[sɛbʊlan lɛpas]
over een maand (bw)	selepas satu bulan	[sɛlɛpas satʊ bʊlan]
over twee maanden (bw)	selepas 2 bulan	[sɛlɛpas dʊa bʊlan]
de hele maand (bw)	seluruh bulan	[sɛlʊrʊh bʊlan]
een volle maand (bw)	seluruh bulan	[sɛlʊrʊh bʊlan]
maand-, maandelijks (bn)	bulanan	[bʊlanan]
maandelijks (bw)	setiap bulan	[sɛtiap bʊlan]
elke maand (bw)	setiap bulan	[sɛtiap bʊlan]
twee keer per maand	dua kali sebulan	[dʊa kali sɛbʊlan]
jaar (het)	tahun	[tahʊn]
dit jaar (bw)	pada tahun ini	[pada tahʊn ini]
volgend jaar (bw)	pada tahun berikutnya	[pada tahʊn bɛrikʊtɲa]
vorig jaar (bw)	pada tahun yang lepas	[pada tahʊn jaŋ lɛpas]
een jaar geleden (bw)	setahun lepas	[setahʊn lɛpas]
over een jaar	selepas satu tahun	[sɛlɛpas satʊ tahʊn]
over twee jaar	selepas 2 tahun	[sɛlɛpas dʊa tahʊn]
het hele jaar	seluruh tahun	[sɛlʊrʊh tahʊn]
een vol jaar	seluruh tahun	[sɛlʊrʊh tahʊn]
elk jaar	setiap tahun	[sɛtiap tahʊn]
jaar-, jaarlijks (bn)	tahunan	[tahʊnan]
jaarlijks (bw)	setiap tahun	[sɛtiap tahʊn]
4 keer per jaar	empat kali setahun	[ɛmpat kali sɛtahʊn]
datum (de)	tarikh	[tarih]
datum (de)	tarikh	[tarih]
kalender (de)	takwim	[takvim]
een half jaar	separuh tahun	[sɛparʊh tahʊn]
zes maanden	separuh tahun	[sɛparʊh tahʊn]
seizoen (bijv. lente, zomer)	musim	[mʊsim]
eeuw (de)	abad	[abad]

19. Tijd. Diversen

tijd (de)	masa	[masa]
ogenblik (het)	saat	[sa:t]
moment (het)	saat	[sa:t]
ogenblikkelijk (bn)	serta-merta	[sɛrta mɛrta]
tijdsbestek (het)	jangka masa	[dʒaŋka masa]
leven (het)	kehidupan	[kɛhidʊpan]
eeuwigheid (de)	keabadiaan	[kɛabadia:n]

epoche (de), tijdperk (het)	zaman	[zaman]
era (de), tijdperk (het)	era	[era]
cyclus (de)	kitaran	[kitaran]
periode (de)	masa	[masa]
termijn (vastgestelde periode)	jangka masa	[dʒaŋka masa]

toekomst (de)	masa depan	[masa dɛpan]
toekomstig (bn)	yang akan datang	[jaŋ akan dataŋ]
de volgende keer	pada kali berikutnya	[pada kali bɛrikʊtɲa]
verleden (het)	masa silam	[masa silam]
vorig (bn)	lepas	[lɛpas]
de vorige keer	pada kali yang lepas	[pada kali jaŋ lɛpas]

later (bw)	lebih kemudian	[lɛbih kɛmʊdian]
na (~ het diner)	selepas	[sɛlɛpas]
tegenwoordig (bw)	kini	[kini]
nu (bw)	sekarang	[sɛkaraŋ]
onmiddellijk (bw)	segera	[sɛgɛra]
snel (bw)	segera	[sɛgɛra]
bij voorbaat (bw)	sebelumnya	[sɛbɛlʊmɲa]

lang geleden (bw)	lama dahulu	[lama dahʊlʊ]
kort geleden (bw)	baru-baru ini	[barʊ barʊ ini]
noodlot (het)	nasib	[nasib]
herinneringen (mv.)	kenang-kenangan	[kɛnaŋ kɛnaŋan]
archief (het)	arkib	[arkib]

tijdens ... (ten tijde van)	selama	[sɛlama]
lang (bw)	lama	[lama]
niet lang (bw)	tidak lama	[tidak lama]
vroeg (bijv. ~ in de ochtend)	pagi-pagi	[pagi pagi]
laat (bw)	lambat	[lambat]

voor altijd (bw)	untuk selama-lamanya	[ʊntʊk sɛlama lamaɲa]
beginnen (ww)	memulakan	[mɛmʊlakan]
uitstellen (ww)	menunda	[mɛnʊnda]

tegelijkertijd (bw)	serentak	[sɛrɛntak]
voortdurend (bw)	tetap	[tɛtap]
constant (bijv. ~ lawaai)	terus menerus	[tɛrʊs mɛnɛrʊs]
tijdelijk (bn)	sementara	[sɛmɛntara]

soms (bw)	kadang-kadang	[kadaŋ kadaŋ]
zelden (bw)	jarang	[dʒaraŋ]
vaak (bw)	seringkali	[sɛriŋkali]

20. Tegenovergestelden

| rijk (bn) | kaya | [kaja] |
| arm (bn) | miskin | [miskin] |

| ziek (bn) | sakit | [sakit] |
| gezond (bn) | sihat | [sihat] |

| groot (bn) | besar | [bɛsar] |
| klein (bn) | kecil | [kɛʧil] |

| snel (bw) | cepat | [ʧɛpat] |
| langzaam (bw) | perlahan-lahan | [pɛrlahan lahan] |

| snel (bn) | cepat | [ʧɛpat] |
| langzaam (bn) | perlahan | [perlahan] |

| vrolijk (bn) | riang, gembira | [riaŋ], [gɛmbira] |
| treurig (bn) | sedih | [sɛdih] |

| samen (bw) | bersama | [bɛrsama] |
| apart (bw) | secara berasingan | [sɛʧara bɛrasiŋan] |

| hardop (~ lezen) | dengan suara kuat | [dɛŋan suara kuat] |
| stil (~ lezen) | senyap | [sɛɲap] |

| hoog (bn) | tinggi | [tiŋgi] |
| laag (bn) | rendah | [rɛndah] |

| diep (bn) | dalam | [dalam] |
| ondiep (bn) | dangkal | [daŋkal] |

| ja | ya | [ja] |
| nee | tidak, bukan | [tidak], [bukan] |

| ver (bn) | jauh | [dʒauh] |
| dicht (bn) | dekat | [dɛkat] |

| ver (bw) | jauh | [dʒauh] |
| dichtbij (bw) | dekat | [dɛkat] |

| lang (bn) | panjang | [pandʒaŋ] |
| kort (bn) | pendek | [pendek] |

| vriendelijk (goedhartig) | baik hati | [baik hati] |
| kwaad (bn) | jahat | [dʒahat] |

| gehuwd (mann.) | berkahwin, beristeri | [bɛrkahvin], [bɛristri] |
| ongehuwd (mann.) | bujang | [budʒaŋ] |

| verbieden (ww) | melarang | [mɛlaraŋ] |
| toestaan (ww) | mengizinkan | [mɛɲiziŋkan] |

| einde (het) | akhir | [akhir] |
| begin (het) | permulaan | [pɛrmula:n] |

| linker (bn) | kiri | [kiri] |
| rechter (bn) | kanan | [kanan] |

| eerste (bn) | pertama | [pɛrtama] |
| laatste (bn) | terakhir | [tɛrakhir] |

| misdaad (de) | jenayah | [dʒɛnajah] |
| bestraffing (de) | hukuman | [hʊkʊman] |

| bevelen (ww) | memerintah | [mɛmɛrintah] |
| gehoorzamen (ww) | mematuhi | [mɛmatʊhi] |

| recht (bn) | lurus | [lʊrʊs] |
| krom (bn) | lengkung | [lɛŋkʊŋ] |

| paradijs (het) | syurga | [ɕʊrga] |
| hel (de) | neraka | [nɛraka] |

| geboren worden (ww) | dilahirkan | [dilahirkan] |
| sterven (ww) | mati, meninggal | [mati], [mɛniŋgal] |

| sterk (bn) | kuat | [kʊat] |
| zwak (bn) | lemah | [lɛmah] |

| oud (bn) | tua | [tʊa] |
| jong (bn) | muda | [mʊda] |

| oud (bn) | tua | [tʊa] |
| nieuw (bn) | baru | [barʊ] |

| hard (bn) | keras | [kras] |
| zacht (bn) | empuk | [ɛmpʊk] |

| warm (bn) | hangat | [haŋat] |
| koud (bn) | sejuk | [sɛdʒʊk] |

| dik (bn) | gemuk | [gɛmʊk] |
| dun (bn) | kurus | [kʊrʊs] |

| smal (bn) | sempit | [sɛmpit] |
| breed (bn) | lebar | [lebar] |

| goed (bn) | baik | [baik] |
| slecht (bn) | buruk | [bʊrʊk] |

| moedig (bn) | berani | [brani] |
| laf (bn) | penakut | [pɛnakʊt] |

21. Lijnen en vormen

vierkant (het)	segi empat sama	[sɛgi ɛmpat sama]
vierkant (bn)	bersegi	[bɛrsɛgi]
cirkel (de)	bulatan	[bʊlatan]
rond (bn)	bulat	[bʊlat]

| driehoek (de) | segi tiga | [sɛgi tiga] |
| driehoekig (bn) | segi tiga | [sɛgi tiga] |

ovaal (het)	bujur	[budʒur]
ovaal (bn)	bujur	[budʒur]
rechthoek (de)	segi empat tepat	[sɛgi ɛmpat tɛpat]
rechthoekig (bn)	segi empat tepat	[sɛgi ɛmpat tɛpat]

piramide (de)	piramid	[piramid]
ruit (de)	rombus	[rombus]
trapezium (het)	trapezium	[trapezium]
kubus (de)	kiub	[kiub]
prisma (het)	prisma	[prisma]

omtrek (de)	lilitan	[lilitan]
bol, sfeer (de)	sfera	[sfera]
bal (de)	bola	[bola]
diameter (de)	diameter	[diametɛr]
straal (de)	jejari	[dʒɛdʒari]
omtrek (~ van een cirkel)	perimeter	[perimetɛr]
middelpunt (het)	pusat	[pusat]

horizontaal (bn)	mendatar	[mɛndatar]
verticaal (bn)	tegak	[tɛgak]
parallel (de)	garis selari	[garis sɛlari]
parallel (bn)	selari	[sɛlari]

lijn (de)	garis	[garis]
streep (de)	garis	[garis]
rechte lijn (de)	garis lurus	[garis lurus]
kromme (de)	garis lengkung	[garis lɛŋkuŋ]
dun (bn)	nipis	[nipis]
omlijning (de)	kontur	[kontur]

snijpunt (het)	persilangan	[pɛrsilaŋan]
rechte hoek (de)	sudut tepat	[sudut tɛpat]
segment (het)	segmen	[segmɛn]
sector (de)	sektor	[sektor]
zijde (de)	segi	[sɛgi]
hoek (de)	sudut, penjuru	[sudut], [pɛndʒuru]

22. Meeteenheden

gewicht (het)	berat	[brat]
lengte (de)	panjang	[pandʒaŋ]
breedte (de)	kelebaran	[kɛlebaran]
hoogte (de)	ketinggian	[ketiŋgian]

diepte (de)	kedalaman	[kɛdalaman]
volume (het)	isi padu	[isi padu]
oppervlakte (de)	luas	[luas]

| gram (het) | gram | [gram] |
| milligram (het) | miligram | [miligram] |

kilogram (het)	kilogram	[kilogram]
ton (duizend kilo)	tan	[tan]
pond (het)	paun	[paʊn]
ons (het)	auns	[aʊns]

meter (de)	meter	[metɛr]
millimeter (de)	milimeter	[milimetɛr]
centimeter (de)	sentimeter	[sentimetɛr]
kilometer (de)	kilometer	[kilometɛr]
mijl (de)	batu	[batʊ]

duim (de)	inci	[inʧi]
voet (de)	kaki	[kaki]
yard (de)	ela	[ela]

| vierkante meter (de) | meter persegi | [metɛr pɛrsɛgi] |
| hectare (de) | hektar | [hektar] |

liter (de)	liter	[litɛr]
graad (de)	darjah	[dardʒah]
volt (de)	volt	[volt]
ampère (de)	ampere	[amperɛ]
paardenkracht (de)	kuasa kuda	[kʊasa kʊda]

hoeveelheid (de)	kuantiti	[kʊantiti]
een beetje ...	sedikit	[sɛdikit]
helft (de)	setengah	[sɛtɛŋah]
dozijn (het)	dozen	[dozen]
stuk (het)	buah	[bʊah]

| afmeting (de) | saiz, ukuran | [saɪz], [ʊkʊran] |
| schaal (bijv. ~ van 1 op 50) | skala | [skala] |

minimaal (bn)	minimum	[minimʊm]
minste (bn)	terkecil	[tɛrkɛʧil]
medium (bn)	sederhana	[sɛdɛrhana]
maximaal (bn)	maksimum	[maksimʊm]
grootste (bn)	terbesar	[tɛrbɛsar]

23. Containers

glazen pot (de)	balang	[balaŋ]
blik (conserven~)	tin	[tin]
emmer (de)	baldi	[baldi]
ton (bijv. regenton)	tong	[toŋ]

ronde waterbak (de)	besen	[besen]
tank (bijv. watertank-70-ltr)	tangki	[taŋki]
heupfles (de)	kelalang, flask	[kɛlalaŋ], [flask]
jerrycan (de)	tin	[tin]
tank (bijv. ketelwagen)	tangki	[taŋki]

| beker (de) | koleh | [koleh] |
| kopje (het) | cawan | [ʧavan] |

31

schoteltje (het)	**alas cawan**	[alas tʃavan]
glas (het)	**gelas**	[glas]
wijnglas (het)	**gelas**	[glas]
steelpan (de)	**periuk**	[priʊk]
fles (de)	**botol**	[botol]
flessenhals (de)	**leher**	[leher]
karaf (de)	**serahi**	[sɛrahi]
kruik (de)	**kendi**	[kɛndi]
vat (het)	**bekas**	[bɛkas]
pot (de)	**belanga**	[bɛlaŋa]
vaas (de)	**vas**	[vas]
flacon (de)	**botol**	[botol]
flesje (het)	**buli-buli**	[bʊli bʊli]
tube (bijv. ~ tandpasta)	**tiub**	[tiʊb]
zak (bijv. ~ aardappelen)	**karung**	[karʊŋ]
tasje (het)	**peket**	[peket]
pakje (~ sigaretten, enz.)	**kotak**	[kotak]
doos (de)	**kotak, peti**	[kotak], [pɛti]
kist (de)	**kotak**	[kotak]
mand (de)	**bakul**	[bakʊl]

24. Materialen

materiaal (het)	**bahan**	[bahan]
hout (het)	**kayu**	[kay]
houten (bn)	**kayu**	[kay]
glas (het)	**kaca**	[katʃa]
glazen (bn)	**berkaca**	[bɛrkatʃa]
steen (de)	**batu**	[batʊ]
stenen (bn)	**batu**	[batʊ]
plastic (het)	**plastik**	[plastik]
plastic (bn)	**plastik**	[plastik]
rubber (het)	**getah**	[gɛtah]
rubber-, rubberen (bn)	**getah**	[gɛtah]
stof (de)	**kain**	[kain]
van stof (bn)	**daripada kain**	[daripada kain]
papier (het)	**kertas**	[kɛrtas]
papieren (bn)	**kertas**	[kɛrtas]
karton (het)	**kadbod**	[kadbod]
kartonnen (bn)	**kadbod**	[kadbod]
polyethyleen (het)	**politena**	[politena]
cellofaan (het)	**selofan**	[selofan]

multiplex (het)	**papan lapis**	[papan lapis]
porselein (het)	**porselin**	[porsɛlin]
porseleinen (bn)	**porselin**	[porsɛlin]
klei (de)	**tanah liat**	[tanah liat]
klei-, van klei (bn)	**tembikar**	[tɛmbikar]
keramiek (de)	**seramik**	[sǝramik]
keramieken (bn)	**seramik**	[seramik]

25. Metalen

metaal (het)	**logam**	[logam]
metalen (bn)	**logam**	[logam]
legering (de)	**logam campuran**	[logam ʧampʊran]
goud (het)	**emas**	[ɛmas]
gouden (bn)	**emas**	[ɛmas]
zilver (het)	**perak**	[perak]
zilveren (bn)	**perak**	[perak]
IJzer (het)	**besi**	[bɛsi]
IJzeren (bn)	**besi**	[bɛsi]
staal (het)	**keluli**	[kɛlʊli]
stalen (bn)	**keluli**	[kɛlʊli]
koper (het)	**tembaga**	[tɛmbaga]
koperen (bn)	**tembaga**	[tɛmbaga]
aluminium (het)	**aluminium**	[alʊminiʊm]
aluminium (bn)	**aluminium**	[alʊminiʊm]
brons (het)	**gangsa**	[gaŋsa]
bronzen (bn)	**gangsa**	[gaŋsa]
messing (het)	**loyang**	[lojaŋ]
nikkel (het)	**nikel**	[nikɛl]
platina (het)	**platinum**	[platinʊm]
kwik (het)	**air raksa**	[air raksa]
tin (het)	**timah**	[timah]
lood (het)	**timah hitam**	[timah hitam]
zink (het)	**zink**	[ziŋk]

MENS

Mens. Het lichaam

26. Mensen. Basisbegrippen

mens (de)	orang, manusia	[oraŋ], [manʊsia]
man (de)	lelaki	[lɛlaki]
vrouw (de)	perempuan	[pɛrɛmpʊan]
kind (het)	anak	[anak]
meisje (het)	gadis kecil	[gadis kɛʧil]
jongen (de)	budak lelaki	[bʊdak lɛlaki]
tiener, adolescent (de)	remaja	[rɛmadʒa]
oude man (de)	lelaki tua	[lɛlaki tʊa]
oude vrouw (de)	perempuan tua	[pɛrɛmpʊan tʊa]

27. Menselijke anatomie

organisme (het)	organisma	[organisma]
hart (het)	jantung	[dʒantʊŋ]
bloed (het)	darah	[darah]
slagader (de)	arteri	[artɛri]
ader (de)	vena	[vena]
hersenen (mv.)	otak	[otak]
zenuw (de)	saraf	[saraf]
zenuwen (mv.)	urat saraf	[urat saraf]
wervel (de)	ruas tulang belakang	[rʊas tʊlaŋ blakaŋ]
ruggengraat (de)	tulang belakang	[tʊlaŋ blakaŋ]
maag (de)	gaster	[gastɛr]
darmen (mv.)	intestin	[intestin]
darm (de)	usus	[ʊsʊs]
lever (de)	hati	[hati]
nier (de)	buah pinggang	[bʊah piŋgaŋ]
been (deel van het skelet)	tulang	[tʊlaŋ]
skelet (het)	kerangka tulang	[kraŋka tʊlaŋ]
rib (de)	tulang rusuk	[tʊlaŋ rʊsʊk]
schedel (de)	tengkorak	[tɛŋkorak]
spier (de)	otot	[otot]
biceps (de)	otot biseps	[otot biseps]
triceps (de)	triseps	[triseps]
pees (de)	tendon	[tɛndon]
gewricht (het)	sendi	[sɛndi]

longen (mv.)	paru-paru	[parʊ parʊ]
geslachtsorganen (mv.)	kemaluan	[kɛmaluan]
huid (de)	kulit	[kʊlit]

28. Hoofd

hoofd (het)	kepala	[kɛpala]
gezicht (het)	muka	[mʊka]
neus (de)	hidung	[hidʊŋ]
mond (de)	mulut	[mʊlʊt]

oog (het)	mata	[mata]
ogen (mv.)	mata	[mata]
pupil (de)	anak mata	[anak mata]
wenkbrauw (de)	kening	[kɛniŋ]
wimper (de)	bulu mata	[bʊlʊ mata]
ooglid (het)	kekopak mata	[kɛkopak mata]

tong (de)	lidah	[lidah]
tand (de)	gigi	[gigi]
lippen (mv.)	bibir	[bibir]
jukbeenderen (mv.)	tulang pipi	[tʊlaŋ pipi]
tandvlees (het)	gusi	[gʊsi]
gehemelte (het)	lelangit	[lɛlaŋit]

neusgaten (mv.)	lubang hidung	[lʊbaŋ hidʊŋ]
kin (de)	dagu	[dagʊ]
kaak (de)	rahang	[rahaŋ]
wang (de)	pipi	[pipi]

voorhoofd (het)	dahi	[dahi]
slaap (de)	pelipis	[pɛlipis]
oor (het)	telinga	[tɛliŋa]
achterhoofd (het)	tengkuk	[tɛŋkʊk]
hals (de)	leher	[leher]
keel (de)	kerongkong	[kɛroŋkoŋ]

haren (mv.)	rambut	[rambʊt]
kapsel (het)	potongan rambut	[potoŋan rambʊt]
haarsnit (de)	potongan rambut	[potoŋan rambʊt]
pruik (de)	rambut palsu, wig	[rambʊt palsʊ], [vig]

snor (de)	misai	[misaɪ]
baard (de)	janggut	[dʒaŋgʊt]
dragen (een baard, enz.)	memelihara	[mɛmɛlihara]
vlecht (de)	tocang	[totʃaŋ]
bakkebaarden (mv.)	jambang	[dʒambaŋ]

ros (roodachtig, rossig)	berambut merah perang	[bɛrambʊt mɛrah peraŋ]
grijs (~ haar)	beruban	[bɛruban]
kaal (bn)	botak	[botak]
kale plek (de)	botak	[botak]
paardenstaart (de)	ikat ekor kuda	[ikat ekor kʊda]
pony (de)	jambul	[dʒambʊl]

29. Menselijk lichaam

hand (de)	tangan	[taŋan]
arm (de)	lengan	[lɛŋan]
vinger (de)	jari	[dʒari]
teen (de)	jari	[dʒari]
duim (de)	ibu jari	[ibʊ dʒari]
pink (de)	jari kelengkeng	[dʒari kɛleŋkŋ]
nagel (de)	kuku	[kʊkʊ]
vuist (de)	penumbuk	[pɛnʊmbʊk]
handpalm (de)	telapak	[tɛlapak]
pols (de)	pergelangan	[pɛrgɛlaŋan]
voorarm (de)	lengan bawah	[lɛŋan bavah]
elleboog (de)	siku	[sikʊ]
schouder (de)	bahu	[bahʊ]
been (rechter ~)	kaki	[kaki]
voet (de)	telapak kaki	[telapak kaki]
knie (de)	lutut	[lʊtʊt]
kuit (de)	betis	[bɛtis]
heup (de)	paha	[paha]
hiel (de)	tumit	[tʊmit]
lichaam (het)	badan	[badan]
buik (de)	perut	[prʊt]
borst (de)	dada	[dada]
borst (de)	tetek	[tetek]
zijde (de)	rusuk	[rʊsʊk]
rug (de)	belakang	[blakaŋ]
lage rug (de)	pinggul	[piŋgʊl]
taille (de)	pinggang	[piŋgaŋ]
navel (de)	pusat	[pʊsat]
billen (mv.)	punggung	[pʊŋgʊŋ]
achterwerk (het)	punggung	[pʊŋgʊŋ]
huidvlek (de)	tahi lalat manis	[tahi lalat manis]
moedervlek (de)	tanda kelahiran	[tanda kɛlahiran]
tatoeage (de)	tatu	[tatʊ]
litteken (het)	bekas luka	[bɛkas lʊka]

Kleding en accessoires

30. Bovenkleding. Jassen

kleren (mv.), kleding (de)	pakaian	[pakajan]
bovenkleding (de)	pakaian luar	[pakajan luar]
winterkleding (de)	pakaian musim sejuk	[pakajan musim sɛdʒuk]
jas (de)	kot luaran	[kot luaran]
bontjas (de)	kot bulu	[kot bulu]
bontjasje (het)	jaket berbulu	[dʒaket berbulu]
donzen jas (de)	kot bulu pelepah	[kot bulu pɛlɛpah]
jasje (bijv. een leren ~)	jaket	[dʒaket]
regenjas (de)	baju hujan	[badʒu hudʒan]
waterdicht (bn)	kalis air	[kalis air]

31. Heren & dames kleding

overhemd (het)	baju	[badʒu]
broek (de)	seluar	[sɛluar]
jeans (de)	seluar jean	[sɛluar dʒin]
colbert (de)	jaket	[dʒaket]
kostuum (het)	suit	[suit]
jurk (de)	gaun	[gaun]
rok (de)	skirt	[skirt]
blouse (de)	blaus	[blaus]
wollen vest (de)	jaket kait	[dʒaket kait]
blazer (kort jasje)	jaket	[dʒaket]
T-shirt (het)	baju kaus	[badʒu kaus]
shorts (mv.)	seluar pendek	[sɛluar pendek]
trainingspak (het)	pakaian sukan	[pakajan sukan]
badjas (de)	jubah mandi	[dʒubah mandi]
pyjama (de)	pijama	[pidʒama]
sweater (de)	sweater	[svetɛr]
pullover (de)	pullover	[pullovɛr]
gilet (het)	rompi	[rompi]
rokkostuum (het)	kot bajang	[kot badʒaŋ]
smoking (de)	toksedo	[toksedo]
uniform (het)	pakaian seragam	[pakajan sɛragam]
werkkleding (de)	pakaian kerja	[pakajan kɛrdʒa]
overall (de)	baju monyet	[badʒu moɲjet]
doktersjas (de)	baju	[badʒu]

32. Kleding. Ondergoed

ondergoed (het)	pakaian dalam	[pakajan dalam]
herenslip (de)	seluar dalam lelaki	[sɛlʊar dalam lɛlaki]
slipjes (mv.)	seluar dalam perempuan	[sɛlʊar dalam pɛrɛmpʊan]
onderhemd (het)	singlet	[siŋlet]
sokken (mv.)	sok	[sok]
nachthemd (het)	baju tidur	[badʒʊ tidʊr]
beha (de)	kutang	[kʊtaŋ]
kniekousen (mv.)	stoking sampai lutut	[stokiŋ sampaɪ lʊtʊt]
panty (de)	sarung kaki	[sarʊŋ kaki]
nylonkousen (mv.)	stoking	[stokiŋ]
badpak (het)	pakaian renang	[pakajan rɛnaŋ]

33. Hoofddeksels

hoed (de)	topi	[topi]
deukhoed (de)	topi bulat	[topi bʊlat]
honkbalpet (de)	topi besbol	[topi besbol]
kleppet (de)	kep	[kep]
baret (de)	beret	[beret]
kap (de)	hud	[hʊd]
panamahoed (de)	topi panama	[topi panama]
gebreide muts (de)	topi kait	[topi kait]
hoofddoek (de)	tudung	[tʊdʊŋ]
dameshoed (de)	topi perempuan	[topi pɛrɛmpʊan]
veiligheidshelm (de)	topi besi	[topi bɛsi]
veldmuts (de)	topi lipat	[topi lipat]
helm, valhelm (de)	helmet	[helmet]
bolhoed (de)	topi bulat	[topi bʊlat]
hoge hoed (de)	topi pesulap	[topi pɛsʊlap]

34. Schoeisel

schoeisel (het)	kasut	[kasʊt]
schoenen (mv.)	but	[bʊt]
vrouwenschoenen (mv.)	kasut wanita	[kasʊt vanita]
laarzen (mv.)	kasut lars	[kasʊt lars]
pantoffels (mv.)	selipar	[slipar]
sportschoenen (mv.)	kasut tenis	[kasʊt tenis]
sneakers (mv.)	kasut kets	[kasʊt kets]
sandalen (mv.)	sandal	[sandal]
schoenlapper (de)	tukang kasut	[tʊkaŋ kasʊt]
hiel (de)	tumit	[tʊmit]

paar (een ~ schoenen)	sepasang	[sɛpasaŋ]
veter (de)	tali kasut	[tali kasʊt]
rijgen (schoenen ~)	mengikat tali	[meŋikat tali]
schoenlepel (de)	sudu kasut	[sʊdʊ kasʊt]
schoensmeer (de/het)	belaking	[bɛlakiŋ]

35. Textiel. Weefsel

katoen (de/het)	kapas	[kapas]
katoenen (bn)	daripada kapas	[daripada kapas]
vlas (het)	linen	[linen]
vlas-, van vlas (bn)	daripada linen	[daripada linen]

zijde (de)	sutera	[sʊtra]
zijden (bn)	sutera	[sʊtra]
wol (de)	kain bulu biri	[kain bʊlʊ biri]
wollen (bn)	bulu biri	[bʊlʊ biri]

fluweel (het)	baldu	[baldʊ]
suède (de)	belulang suede	[bɛlʊlaŋ sʊedɛ]
ribfluweel (het)	kain korduroi	[kain kordʊroɪ]

nylon (de/het)	nilon	[nilon]
nylon-, van nylon (bn)	daripada nilon	[daripada nilon]
polyester (het)	poliester	[poliestɛr]
polyester- (abn)	poliester	[poliestɛr]

leer (het)	kulit	[kʊlit]
leren (van leer gemaak)	daripada kulit	[daripada kʊlit]
bont (het)	bulu	[bʊlʊ]
bont- (abn)	berbulu	[bɛrbʊlʊ]

36. Persoonlijke accessoires

handschoenen (mv.)	sarung tangan	[sarʊŋ taŋan]
wanten (mv.)	miten	[mitɛn]
sjaal (fleece ~)	selendang	[sɛlendaŋ]

bril (de)	kaca mata	[katʃa mata]
brilmontuur (het)	bingkai, rim	[biŋkaɪ], [rim]
paraplu (de)	payung	[payŋ]
wandelstok (de)	tongkat	[toŋkat]
haarborstel (de)	berus rambut	[brʊs rambʊt]
waaier (de)	kipas	[kipas]

das (de)	tai	[taɪ]
strikje (het)	tali leher kupu-kupu	[tali leher kʊpʊ kʊpʊ]
bretels (mv.)	tali bawat	[tali bavat]
zakdoek (de)	sapu tangan	[sapʊ taŋan]

| kam (de) | sikat | [sikat] |
| haarspeldje (het) | cucuk rambut | [tʃʊtʃʊk rambʊt] |

schuifspeldje (het)	pin rambut	[pin rambʊt]
gesp (de)	gancu	[ganʧʊ]

broekriem (de)	ikat pinggang	[ikat piŋgaŋ]
draagriem (de)	tali beg	[tali beg]

handtas (de)	beg	[beg]
damestas (de)	beg tangan	[beg taŋan]
rugzak (de)	beg galas	[beg galas]

37. Kleding. Diversen

mode (de)	fesyen	[feʃɛn]
de mode (bn)	berfesyen	[bɛrfeʃɛn]
kledingstilist (de)	pereka fesyen	[pɛreka feʃɛn]

kraag (de)	kerah	[krah]
zak (de)	saku	[sakʊ]
zak- (abn)	saku	[sakʊ]
mouw (de)	lengan	[lɛŋan]
lusje (het)	gelung sangkut	[gɛlʊŋ saŋkʊt]
gulp (de)	golbi	[golbi]

rits (de)	zip	[zip]
sluiting (de)	kancing	[kanʧiŋ]
knoop (de)	butang	[bʊtaŋ]
knoopsgat (het)	lubang butang	[lʊbaŋ bʊtaŋ]
losraken (bijv. knopen)	terlepas	[tɛrlɛpas]

naaien (kleren, enz.)	menjahit	[mɛnʤahit]
borduren (ww)	menyulam	[mɛɲjylam]
borduursel (het)	sulaman	[sʊlaman]
naald (de)	jarum	[ʤarʊm]
draad (de)	benang	[bɛnaŋ]
naad (de)	jahitan	[ʤahitan]

vies worden (ww)	menjadi kotor	[mɛnʤadi kotor]
vlek (de)	tompok	[tompok]
gekreukt raken (ov. kleren)	renyuk	[rɛɲjyk]
scheuren (ov.ww.)	merobek	[mɛrobek]
mot (de)	gegat	[gɛgat]

38. Persoonlijke verzorging. Schoonheidsmiddelen

tandpasta (de)	ubat gigi	[ʊbat gigi]
tandenborstel (de)	berus gigi	[bɛrʊs gigi]
tanden poetsen (ww)	memberus gigi	[mɛmbɛrʊs gigi]

scheermes (het)	pisau cukur	[pisaʊ ʧʊkʊr]
scheerschuim (het)	krim cukur	[krim ʧʊkʊr]
zich scheren (ww)	bercukur	[bɛrʧʊkʊr]
zeep (de)	sabun	[sabʊn]

shampoo (de)	syampu	[ʃampʊ]
schaar (de)	gunting	[gʊntiŋ]
nagelvijl (de)	kikir kuku	[kikir kʊkʊ]
nagelknipper (de)	pemotong kuku	[pɛmotoŋ kʊkʊ]
pincet (het)	penyepit kecil	[pɛɲepit kɛtʃil]

cosmetica (de)	alat solek	[alat solek]
masker (het)	masker	[maskɛr]
manicure (de)	manicure	[mɛnikjyr]
manicure doen	melakukan perawatan kuku tangan	[mɛlakʊkan pɛravatan kʊkʊ taŋan]
pedicure (de)	pedicure	[pɛdikjyr]

cosmetica tasje (het)	beg mekap	[beg mekap]
poeder (de/het)	bedak	[bɛdak]
poederdoos (de)	kotak bedak	[kotak bɛdak]
rouge (de)	pemerah pipi	[pɛmerah pipi]

parfum (de/het)	minyak wangi	[miɲak vaŋi]
eau de toilet (de)	air wangi	[air vaŋi]
lotion (de)	losen	[losen]
eau de cologne (de)	air kolong	[air koloŋ]

oogschaduw (de)	pembayang mata	[pɛmbajaŋ mata]
oogpotlood (het)	pensel kening	[pensel kɛniŋ]
mascara (de)	maskara	[maskara]

lippenstift (de)	gincu bibir	[gintʃʊ bibir]
nagellak (de)	pengilat kuku	[peɲilat kʊkʊ]
haarlak (de)	penyembur rambut	[pɛɲjembʊr rambʊt]
deodorant (de)	deodoran	[deodoran]

crème (de)	krim	[krim]
gezichtscrème (de)	krim muka	[krim mʊka]
handcrème (de)	krim tangan	[krim taŋan]
antirimpelcrème (de)	krim antikerut	[krim antikɛrʊt]
dagcrème (de)	krim siang	[krim siaŋ]
nachtcrème (de)	krim malam	[krim malam]
dag- (abn)	siang	[siaŋ]
nacht- (abn)	malam	[malam]

tampon (de)	tampon	[tampon]
toiletpapier (het)	kertas tandas	[kɛrtas tandas]
föhn (de)	pengering rambut	[pɛŋɛriŋ rambʊt]

39. Juwelen

sieraden (mv.)	barang-barang kemas	[baraŋ baraŋ kɛmas]
edel (bijv. ~ stenen)	permata	[pɛrmata]
keurmerk (het)	cap kempa	[tʃap kɛmpa]

ring (de)	cincin	[tʃintʃin]
trouwring (de)	cincin pertunangan	[tʃintʃin pɛrtʊnaŋan]
armband (de)	gelang tangan	[gɛlaŋ taŋan]

oorringen (mv.)	subang	[sʊbaŋ]
halssnoer (het)	kalung	[kalʊŋ]
kroon (de)	mahkota	[mahkota]
kralen snoer (het)	rantai manik	[rantaɪ manik]

diamant (de)	berlian	[b'rlian]
smaragd (de)	zamrud	[zamrʊd]
robijn (de)	batu delima	[batʊ d'lima]
saffier (de)	batu nilam	[batʊ nilam]
parel (de)	mutiara	[mʊtiara]
barnsteen (de)	batu ambar	[batʊ ambar]

40. Horloges. Klokken

polshorloge (het)	jam tangan	[dʒam taŋan]
wijzerplaat (de)	permukaan jam	[permʊkaːn dʒam]
wijzer (de)	jarum	[dʒarʊm]
metalen horlogeband (de)	gelang jam tangan	[gɛlaŋ dʒam taŋan]
horlogebandje (het)	tali jam	[tali dʒam]

batterij (de)	bateri	[batɛri]
leeg zijn (ww)	luput	[lʊpʊt]
batterij vervangen	menukar bateri	[menʊkar batɛri]
voorlopen (ww)	kecepatan	[kɛtʃɛpatan]
achterlopen (ww)	ketinggalan	[ketiŋgalan]

wandklok (de)	jam dinding	[dʒam dindiŋ]
zandloper (de)	jam pasir	[dʒam pasir]
zonnewijzer (de)	jam matahari	[dʒam matahari]
wekker (de)	jam loceng	[dʒam lotʃeŋ]
horlogemaker (de)	tukang jam	[tʊkaŋ dʒam]
repareren (ww)	membaiki	[mɛmbaiki]

Voedsel. Voeding

41. Voedsel

vlees (het)	daging	[dagiŋ]
kip (de)	ayam	[ajam]
kuiken (het)	anak ayam	[anak ajam]
eend (de)	itik	[itik]
gans (de)	angsa	[aŋsa]
wild (het)	burung buruan	[burʊŋ burʊan]
kalkoen (de)	ayam belanda	[ajam blanda]
varkensvlees (het)	daging babi	[dagiŋ babi]
kalfsvlees (het)	daging anak lembu	[dagiŋ anak lembʊ]
schapenvlees (het)	daging bebiri	[dagiŋ bɛbiri]
rundvlees (het)	daging lembu	[dagiŋ lɛmbʊ]
konijnenvlees (het)	arnab	[arnab]
worst (de)	sosej worst	[sosedʒ vorst]
saucijs (de)	sosej	[sosedʒ]
spek (het)	dendeng babi	[deŋdeŋ babi]
ham (de)	ham	[ham]
gerookte achterham (de)	gamon	[gamon]
paté, pastei (de)	pate	[patɛ]
lever (de)	hati	[hati]
varkensvet (het)	lemak	[lɛmak]
gehakt (het)	bahan kisar	[bahan kisar]
tong (de)	lidah	[lidah]
ei (het)	telur	[tɛlʊr]
eieren (mv.)	telur-telur	[tɛlʊr tɛlʊr]
eiwit (het)	putih telur	[pʊtih tɛlʊr]
eigeel (het)	kuning telur	[kʊniŋ tɛlʊr]
vis (de)	ikan	[ikan]
zeevruchten (mv.)	makanan laut	[makanan laʊt]
schaaldieren (mv.)	krustasia	[krʊstasia]
kaviaar (de)	caviar	[kaviar]
krab (de)	ketam	[kɛtam]
garnaal (de)	udang	[ʊdaŋ]
oester (de)	tiram	[tiram]
langoest (de)	udang krai	[ʊdaŋ kraɪ]
octopus (de)	sotong	[sotoŋ]
inktvis (de)	cumi-cumi	[ʧʊmi ʧʊmi]
steur (de)	ikan sturgeon	[ikan stʊrgeon]
zalm (de)	salmon	[salmon]
heilbot (de)	ikan halibut	[ikan halibʊt]

kabeljauw (de)	ikan kod	[ikan kod]
makreel (de)	ikan tenggiri	[ikan tɛŋgiri]
tonijn (de)	tuna	[tʊna]
paling (de)	ikan keli	[ikan kli]

forel (de)	ikan trout	[ikan troʊt]
sardine (de)	sadin	[sadin]
snoek (de)	ikan paik	[ikan paɪk]
haring (de)	ikan hering	[ikan heriŋ]

brood (het)	roti	[roti]
kaas (de)	keju	[kɛdʒʊ]
suiker (de)	gula	[gʊla]
zout (het)	garam	[garam]

rijst (de)	beras, nasi	[bras], [nasi]
pasta (de)	pasta	[pasta]
noedels (mv.)	mie	[mi]

boter (de)	mentega	[mɛntega]
plantaardige olie (de)	minyak sayur	[miɲjak sayr]
zonnebloemolie (de)	minyak bunga matahari	[miɲjak bʊŋa matahari]
margarine (de)	marjerin	[mardʒɛrin]

| olijven (mv.) | buah zaitun | [bʊah zaɪtʊn] |
| olijfolie (de) | minyak zaitun | [miɲjak zaɪtʊn] |

melk (de)	susu	[sʊsʊ]
gecondenseerde melk (de)	susu pekat	[sʊsʊ pɛkat]
yoghurt (de)	yogurt	[ɪogʊrt]
zure room (de)	krim asam	[krim asam]
room (de)	krim	[krim]

| mayonaise (de) | mayonis | [maɪonis] |
| crème (de) | krim | [krim] |

graan (het)	bijirin berkupas	[bidʒirin bɛrkʊpas]
meel (het), bloem (de)	tepung	[tɛpʊŋ]
conserven (mv.)	makanan dalam tin	[makanan dalam tin]

maïsvlokken (mv.)	emping jagung	[ɛmpiŋ dʒagʊŋ]
honing (de)	madu	[madʊ]
jam (de)	jem	[dʒɛm]
kauwgom (de)	gula-gula getah	[gʊla gʊla gɛtah]

42. Drankjes

water (het)	air	[air]
drinkwater (het)	air minum	[air minʊm]
mineraalwater (het)	air galian	[air galian]

zonder gas	tanpa gas	[tanpa gas]
koolzuurhoudend (bn)	bergas	[bɛrgas]
bruisend (bn)	bergas	[bɛrgas]

| IJs (het) | ais | [aɪs] |
| met ijs | dengan ais | [dɛŋan aɪs] |

alcohol vrij (bn)	tanpa alkohol	[tanpa alkohol]
alcohol vrije drank (de)	minuman ringan	[minʊman riŋan]
frisdrank (de)	minuman segar	[minʊman sɛgar]
limonade (de)	limonad	[limonad]

alcoholische dranken (mv.)	arak	[arak]
wijn (de)	wain	[vaɪn]
witte wijn (de)	wain putih	[vaɪn pʊtih]
rode wijn (de)	wain merah	[vaɪn merah]

likeur (de)	likur	[likʊr]
champagne (de)	champagne	[ʃampeɪn]
vermout (de)	vermouth	[vermʊt]

whisky (de)	wiski	[viski]
wodka (de)	vodka	[vodka]
gin (de)	gin	[dʒin]
cognac (de)	cognac	[koɲjak]
rum (de)	rum	[ram]

koffie (de)	kopi	[kopi]
zwarte koffie (de)	kopi O	[kopi o]
koffie (de) met melk	kopi susu	[kopi sʊsʊ]
cappuccino (de)	cappuccino	[kapʊtʃino]
oploskoffie (de)	kopi segera	[kopi sɛgɛra]

melk (de)	susu	[sʊsʊ]
cocktail (de)	koktel	[koktel]
milkshake (de)	susu kocak	[sʊsʊ kotʃak]

sap (het)	jus	[dʒʊs]
tomatensap (het)	jus tomato	[dʒʊs tomato]
sinaasappelsap (het)	jus jeruk manis	[dʒʊs dʒɛrʊk manis]
vers geperst sap (het)	jus segar	[dʒʊs sɛgar]

bier (het)	bir	[bir]
licht bier (het)	bir putih	[bir pʊtih]
donker bier (het)	bir hitam	[bir hitam]

thee (de)	teh	[te]
zwarte thee (de)	teh hitam	[te hitam]
groene thee (de)	teh hijau	[te hidʒaʊ]

43. Groenten

| groenten (mv.) | sayuran | [sayran] |
| verse kruiden (mv.) | ulam-ulaman | [ʊlam ʊlaman] |

tomaat (de)	tomato	[tomato]
augurk (de)	timun	[timʊn]
wortel (de)	lobak merah	[lobak merah]

aardappel (de)	kentang	[kɛntaŋ]
ui (de)	bawang	[bavaŋ]
knoflook (de)	bawang putih	[bavaŋ pʊtih]

kool (de)	kubis	[kʊbis]
bloemkool (de)	bunga kubis	[buŋa kʊbis]
spruitkool (de)	kubis Brussels	[kʊbis brasels]
broccoli (de)	broccoli	[brokoli]

rode biet (de)	rut bit	[rʊt bit]
aubergine (de)	terung	[tɛrʊŋ]
courgette (de)	labu kuning	[labʊ kʊniŋ]
pompoen (de)	labu	[labʊ]
raap (de)	turnip	[tʊrnip]

peterselie (de)	parsli	[parsli]
dille (de)	jintan hitam	[dʒintan hitam]
sla (de)	pokok salad	[pokok salad]
selderij (de)	saderi	[sadɛri]
asperge (de)	asparagus	[asparagʊs]
spinazie (de)	bayam	[bajam]

erwt (de)	kacang sepat	[katʃaŋ sɛpat]
bonen (mv.)	kacang	[katʃaŋ]
maïs (de)	jagung	[dʒagʊŋ]
boon (de)	kacang buncis	[katʃaŋ bʊntʃis]

peper (de)	lada	[lada]
radijs (de)	lobak	[lobak]
artisjok (de)	articok	[artitʃok]

44. Vruchten. Noten

vrucht (de)	buah	[bʊah]
appel (de)	epal	[epal]
peer (de)	buah pear	[bʊah pear]
citroen (de)	lemon	[lemon]
sinaasappel (de)	jeruk manis	[dʒerʊk manis]
aardbei (de)	strawberi	[stroberi]

mandarijn (de)	limau mandarin	[limaʊ mandarin]
pruim (de)	plum	[plam]
perzik (de)	pic	[pitʃ]
abrikoos (de)	aprikot	[aprikot]
framboos (de)	raspberi	[rasberi]
ananas (de)	nanas	[nanas]

banaan (de)	pisang	[pisaŋ]
watermeloen (de)	tembikai	[tembikaɪ]
druif (de)	anggur	[aŋgʊr]
zure kers (de)	buah ceri	[bʊah tʃeri]
zoete kers (de)	ceri manis	[tʃeri manis]
meloen (de)	tembikai susu	[tembikaɪ sʊsʊ]
grapefruit (de)	limau gedang	[limaʊ gɛdaŋ]

avocado (de)	avokado	[avokado]
papaja (de)	betik	[bɛtik]
mango (de)	mempelam	[mɛmpɛlam]
granaatappel (de)	buah delima	[buah dɛlima]

rode bes (de)	buah kismis merah	[buah kismis merah]
zwarte bes (de)	buah kismis hitam	[buah kismis hitam]
kruisbes (de)	buah gusberi	[buah gusberi]
bosbes (de)	buah bilberi	[buah bilberi]
braambes (de)	beri hitam	[beri hitam]

rozijn (de)	kismis	[kismis]
vijg (de)	buah tin	[buah tin]
dadel (de)	buah kurma	[buah kurma]

pinda (de)	kacang tanah	[katʃaŋ tanah]
amandel (de)	badam	[badam]
walnoot (de)	walnut	[volnat]
hazelnoot (de)	kacang hazel	[katʃaŋ hazel]
kokosnoot (de)	buah kelapa	[buah klapa]
pistaches (mv.)	pistasio	[pistasio]

45. Brood. Snoep

suikerbakkerij (de)	kuih-muih	[kuih muih]
brood (het)	roti	[roti]
koekje (het)	biskit	[biskit]

chocolade (de)	coklat	[tʃoklat]
chocolade- (abn)	coklat	[tʃoklat]
snoepje (het)	gula-gula	[gula gula]
cakeje (het)	kuih	[kuih]
taart (bijv. verjaardags~)	kek	[kek]

| pastei (de) | pai | [paɪ] |
| vulling (de) | inti | [inti] |

confituur (de)	jem buah-buahan utuh	[dʒem buah buahan utuh]
marmelade (de)	marmalad	[marmalad]
wafel (de)	wafer	[vafɛr]
IJsje (het)	ais krim	[aɪs krim]
pudding (de)	puding	[pudiŋ]

46. Bereide gerechten

gerecht (het)	hidangan	[hidaŋan]
keuken (bijv. Franse ~)	masakan	[masakan]
recept (het)	resipi	[rɛsipi]
portie (de)	hidangan	[hidaŋan]

| salade (de) | salad | [salad] |
| soep (de) | sup | [sup] |

bouillon (de)	sup kosong	[sʊp kosoŋ]
boterham (de)	sandwic	[sandvitʃ]
spiegelei (het)	telur mata kerbau	[tɛlʊr mata kerbaʊ]

hamburger (de)	kutlet	[kʊtlet]
hamburger (de)	hamburger	[hambʊrger]
biefstuk (de)	stik	[stik]
hutspot (de)	daging bakar	[dagiŋ bakar]

garnering (de)	garnish	[garniʃ]
spaghetti (de)	spaghetti	[spageti]
aardappelpuree (de)	kentang lecek	[kɛntaŋ letʃek]
pizza (de)	piza	[piza]
pap (de)	bubur	[bʊbʊr]
omelet (de)	telur dadar	[tɛlʊr dadar]

gekookt (in water)	rebus	[rɛbʊs]
gerookt (bn)	salai	[salaɪ]
gebakken (bn)	goreng	[goreŋ]
gedroogd (bn)	dikeringkan	[dikɛriŋkan]
diepvries (bn)	sejuk beku	[sɛdʒuk bɛkʊ]
gemarineerd (bn)	dijeruk	[didʒɛrʊk]

zoet (bn)	manis	[manis]
gezouten (bn)	masin	[masin]
koud (bn)	sejuk	[sɛdʒʊk]
heet (bn)	panas	[panas]
bitter (bn)	pahit	[pahit]
lekker (bn)	sedap	[sɛdap]

koken (in kokend water)	merebus	[mɛrɛbʊs]
bereiden (avondmaaltijd ~)	memasak	[mɛmasak]
bakken (ww)	menggoreng	[mɛŋgoreŋ]
opwarmen (ww)	memanaskan	[mɛmanaskan]

zouten (ww)	membubuh garam	[mɛmbʊbʊh garam]
peperen (ww)	membubuh lada	[mɛmbʊbʊh lada]
raspen (ww)	memarut	[mɛmarʊt]
schil (de)	kulit	[kʊlit]
schillen (ww)	mengupas	[mɛŋupas]

47. Kruiden

zout (het)	garam	[garam]
gezouten (bn)	masin	[masin]
zouten (ww)	membubuh garam	[mɛmbʊbʊh garam]

zwarte peper (de)	lada hitam	[lada hitam]
rode peper (de)	lada merah	[lada merah]
mosterd (de)	sawi	[savi]
mierikswortel (de)	remunggai	[rɛmʊŋgaɪ]

condiment (het)	perasa	[pɛrasa]
specerij , kruiderij (de)	rempah-rempah	[rempah rempah]

| saus (de) | saus | [saʊs] |
| azijn (de) | cuka | [ʧʊka] |

anijs (de)	lawang	[lavaŋ]
basilicum (de)	kemangi	[kɛmaŋi]
kruidnagel (de)	cengkeh	[ʧeŋkeh]
gember (de)	halia	[halia]
koriander (de)	ketumbar	[kɛtʊmbar]
kaneel (de/het)	kayu manis	[kay manis]

sesamzaad (het)	bijan	[bidʒan]
laurierblad (het)	daun bay	[daʊn beɪ]
paprika (de)	paprik	[paprik]
komijn (de)	jintan putih	[dʒintan pʊtih]
saffraan (de)	safron	[safron]

48. Maaltijden

| eten (het) | makanan | [makanan] |
| eten (ww) | makan | [makan] |

ontbijt (het)	makan pagi	[makan pagi]
ontbijten (ww)	makan pagi	[makan pagi]
lunch (de)	makan tengah hari	[makan tɛŋah hari]
lunchen (ww)	makan tengah hari	[makan tɛŋah hari]
avondeten (het)	makan malam	[makan malam]
souperen (ww)	makan malam	[makan malam]

| eetlust (de) | selera | [sɛlera] |
| Eet smakelijk! | Selamat jamu selera! | [sɛlamat dʒamʊ sɛlera] |

openen (een fles ~)	membuka	[mɛmbʊka]
morsen (koffie, enz.)	menumpahkan	[mɛnʊmpahkan]
zijn gemorst	tertumpah	[tɛrtʊmpah]

koken (water kookt bij 100°C)	mendidih	[mɛndidih]
koken (Hoe om water te ~)	mendidihkan	[mɛndidihkan]
gekookt (~ water)	masak	[masak]
afkoelen (koeler maken)	menyejukkan	[mɛnjedʒʊkkan]
afkoelen (koeler worden)	menjadi sejuk	[mɛndʒadi sɛdʒʊk]

| smaak (de) | rasa | [rasa] |
| nasmaak (de) | rasa kesan | [rasa kɛsan] |

volgen een dieet	berdiet	[berdiet]
dieet (het)	diet	[diet]
vitamine (de)	vitamin	[vitamin]
calorie (de)	kalori	[kalori]
vegetariër (de)	vegetarian	[vegetarian]
vegetarisch (bn)	vegetarian	[vegetarian]

vetten (mv.)	lemak	[lɛmak]
eiwitten (mv.)	protein	[protein]
koolhydraten (mv.)	karbohidrat	[karbohidrat]

snede (de)	irisan	[irisan]
stuk (bijv. een ~ taart)	potongan	[potoŋan]
kruimel (de)	remah	[remah]

49. Tafelschikking

lepel (de)	sudu	[sʊdʊ]
mes (het)	pisau	[pisaʊ]
vork (de)	garpu	[garpʊ]

kopje (het)	cawan	[ʧavan]
bord (het)	pinggan	[piŋgan]
schoteltje (het)	alas cawan	[alas ʧavan]
servet (het)	napkin	[napkin]
tandenstoker (de)	cungkil gigi	[ʧʊŋkil gigi]

50. Restaurant

restaurant (het)	restoran	[restoran]
koffiehuis (het)	kedai kopi	[kɛdaɪ kopi]
bar (de)	bar	[bar]
tearoom (de)	ruang teh	[rʊaŋ te]

kelner, ober (de)	pelayan	[pɛlajan]
serveerster (de)	pelayan perempuan	[pɛlajan pɛrɛmpʊan]
barman (de)	pelayan bar	[pɛlajan bar]

menu (het)	menu	[menʊ]
wijnkaart (de)	kad wain	[kad vaɪn]
een tafel reserveren	menempah meja	[mɛnɛmpah medʒa]

gerecht (het)	masakan	[masakan]
bestellen (eten ~)	menempah	[mɛnɛmpah]
een bestelling maken	menempah	[mɛnɛmpah]

aperitief (de/het)	aperitif	[aperitif]
voorgerecht (het)	pembuka selera	[pɛmbʊka sɛlera]
dessert (het)	pencuci mulut	[pɛnʧuʧi mʊlʊt]

rekening (de)	bil	[bil]
de rekening betalen	membayar bil	[mɛmbajar bil]
wisselgeld teruggeven	memberi wang baki	[mɛmbri vaŋ baki]
fooi (de)	tip	[tip]

Familie, verwanten en vrienden

51. Persoonlijke informatie. Formulieren

naam (de)	nama	[nama]
achternaam (de)	nama keluarga	[nama kɛluarga]
geboortedatum (de)	tarikh lahir	[tarih lahir]
geboorteplaats (de)	tempat lahir	[tɛmpat lahir]
nationaliteit (de)	bangsa	[baŋsa]
woonplaats (de)	tempat kediaman	[tɛmpat kediaman]
land (het)	negara	[nɛgara]
beroep (het)	profesion	[profesion]
geslacht (ov. het vrouwelijk ~)	jenis kelamin	[dʒɛnis kɛlamin]
lengte (de)	tinggi badan	[tiŋgi badan]
gewicht (het)	berat	[brat]

52. Familieleden. Verwanten

moeder (de)	ibu	[ibʊ]
vader (de)	bapa	[bapa]
zoon (de)	anak lelaki	[anak lɛlaki]
dochter (de)	anak perempuan	[anak pɛrɛmpuan]
jongste dochter (de)	anak perempuan bungsu	[anak pɛrɛmpuan buŋsʊ]
jongste zoon (de)	anak lelali bungsu	[anak lɛlali buŋsʊ]
oudste dochter (de)	anak perempuan sulung	[anak pɛrɛmpuan sulʊŋ]
oudste zoon (de)	anak lelaki sulung	[anak lɛlaki sulʊŋ]
broer (de)	saudara	[saʊdara]
oudere broer (de)	abang	[abaŋ]
jongere broer (de)	adik lelaki	[adik lɛlaki]
zuster (de)	saudara perempuan	[saʊdara pɛrɛmpuan]
oudere zuster (de)	kakak perempuan	[kakak pɛrɛmpuan]
jongere zuster (de)	adik perempuan	[adik pɛrɛmpuan]
neef (zoon van oom/tante)	sepupu lelaki	[sɛpupʊ lɛlaki]
nicht (dochter van oom/tante)	sepupu perempuan	[sɛpupʊ pɛrɛmpuan]
mama (de)	ibu	[ibʊ]
papa (de)	bapa	[bapa]
ouders (mv.)	ibu bapa	[ibʊ bapa]
kind (het)	anak	[anak]
kinderen (mv.)	anak-anak	[anak anak]
oma (de)	nenek	[nenek]
opa (de)	datuk	[datʊk]

kleinzoon (de)	cucu lelaki	[ʧuʧu lɛlaki]
kleindochter (de)	cucu perempuan	[ʧuʧu pɛrɛmpuan]
kleinkinderen (mv.)	cucu-cicit	[ʧuʧu ʧiʧit]
oom (de)	pak cik	[pak ʧik]
tante (de)	mak cik	[mak ʧik]
neef (zoon van broer/zus)	anak saudara lelaki	[anak saudara lɛlaki]
nicht (dochter van broer/zus)	anak saudara perempuan	[anak saudara pɛrɛmpuan]
schoonmoeder (de)	ibu mertua	[ibu mɛrtua]
schoonvader (de)	bapa mertua	[bapa mɛrtua]
schoonzoon (de)	menantu lelaki	[mɛnantu lɛlaki]
stiefmoeder (de)	ibu tiri	[ibu tiri]
stiefvader (de)	bapa tiri	[bapa tiri]
zuigeling (de)	bayi	[baɪɪ]
wiegenkind (het)	bayi	[baɪɪ]
kleuter (de)	budak kecil	[budak kɛʧil]
vrouw (de)	isteri	[istri]
man (de)	suami	[suami]
echtgenoot (de)	suami	[suami]
echtgenote (de)	isteri	[istri]
gehuwd (mann.)	berkahwin, beristeri	[bɛrkahvin], [bɛristri]
gehuwd (vrouw.)	berkahwin, bersuami	[bɛrkahvin], [bɛrsuami]
ongehuwd (mann.)	bujang	[budʒaŋ]
vrijgezel (de)	bujang	[budʒaŋ]
gescheiden (bn)	bercerai	[bɛrʧeraɪ]
weduwe (de)	balu	[balu]
weduwnaar (de)	duda	[duda]
familielid (het)	saudara	[saudara]
dichte familielid (het)	keluarga dekat	[kɛluarga dɛkat]
verre familielid (het)	saudara jauh	[saudara dʒauh]
familieleden (mv.)	keluarga	[kɛluarga]
wees (de), weeskind (het)	piatu	[piatu]
voogd (de)	wali	[vali]
adopteren (een jongen te ~)	mengangkat anak lelaki	[mɛŋaŋkat anak lɛlaki]
adopteren (een meisje te ~)	mengangkat anak perempuan	[mɛŋaŋkat anak pɛrɛmpuan]

53. Vrienden. Collega's

vriend (de)	sahabat	[sahabat]
vriendin (de)	teman wanita	[tɛman vanita]
vriendschap (de)	persahabatan	[pɛrsahabatan]
bevriend zijn (ww)	bersahabat	[bɛrsahabat]
makker (de)	teman	[tɛman]
vriendin (de)	teman wanita	[tɛman vanita]
partner (de)	rakan	[rakan]
chef (de)	bos	[bos]

baas (de)	kepala	[kɛpala]
eigenaar (de)	pemilik	[pɛmilik]
ondergeschikte (de)	orang bawahan	[oraŋ bavahan]
collega (de)	rakan	[rakan]

kennis (de)	kenalan	[kɛnalan]
medereiziger (de)	rakan seperjalanan	[rakan sɛpɛrdʒalanan]
klasgenoot (de)	teman sedarjah	[tɛman sɛdardʒah]

buurman (de)	jiran lelaki	[dʒiran lɛlaki]
buurvrouw (de)	jiran perempuan	[dʒiran pɛrɛmpʊan]
buren (mv.)	jiran	[dʒiran]

54. Man. Vrouw

vrouw (de)	perempuan	[pɛrɛmpʊan]
meisje (het)	gadis	[gadis]
bruid (de)	pengantin perempuan	[pɛŋantin pɛrɛmpʊan]

mooi(e) (vrouw, meisje)	cantik	[tʃantik]
groot, grote (vrouw, meisje)	tinggi	[tiŋgi]
slank(e) (vrouw, meisje)	ramping	[rampiŋ]
korte, kleine (vrouw, meisje)	pendek	[pendek]

blondine (de)	perempuan berambut blonde	[pɛrɛmpʊan bɛrambʊt blonde]
brunette (de)	perempuan berambut perang	[pɛrɛmpʊan bɛrambʊt peraŋ]
dames- (abn)	perempuan	[pɛrɛmpʊan]
maagd (de)	perawan	[pɛravan]
zwanger (bn)	hamil	[hamil]

man (de)	lelaki	[lɛlaki]
blonde man (de)	lelaki berambut blonde	[lɛlaki bɛrambʊt blonde]
bruinharige man (de)	lelaki berambut perang	[lɛlaki bɛrambʊt peraŋ]
groot (bn)	tinggi	[tiŋgi]
klein (bn)	pendek	[pendek]
onbeleefd (bn)	kasar	[kasar]
gedrongen (bn)	pendek dan gempal	[pendek dan gɛmpal]
robuust (bn)	tegap	[tɛgap]
sterk (bn)	kuat	[kʊat]
sterkte (de)	kekuatan	[kɛkʊatan]

mollig (bn)	gemuk	[gɛmʊk]
getaand (bn)	berkulit gelap	[bɛrkʊlit gɛlap]
slank (bn)	ramping	[rampiŋ]
elegant (bn)	bergaya	[bɛrgaja]

55. Leeftijd

| leeftijd (de) | usia | [ʊsia] |
| jeugd (de) | masa muda | [masa mʊda] |

jong (bn)	muda	[mʊda]
jonger (bn)	lebih muda	[lɛbih mʊda]
ouder (bn)	lebih tua	[lɛbih tʊa]

jongen (de)	pemuda	[pɛmʊda]
tiener, adolescent (de)	remaja	[rɛmadʒa]
kerel (de)	pemuda	[pɛmʊda]

| oude man (de) | lelaki tua | [lɛlaki tʊa] |
| oude vrouw (de) | perempuan tua | [pɛrɛmpʊan tʊa] |

volwassen (bn)	dewasa	[devasa]
van middelbare leeftijd (bn)	pertengahan umur	[pɛrtɛŋahan ʊmʊr]
bejaard (bn)	lanjut usia	[landʒʊt ʊsia]
oud (bn)	tua	[tʊa]

pensioen (het)	pencen	[pentʃen]
met pensioen gaan	bersara	[bɛrsara]
gepensioneerde (de)	pesara	[pɛsara]

56. Kinderen

kind (het)	anak	[anak]
kinderen (mv.)	anak-anak	[anak anak]
tweeling (de)	kembar	[kɛmbar]

wieg (de)	buaiyan	[bʊaɪan]
rammelaar (de)	kelentong	[kelentoŋ]
luier (de)	lampin	[lampin]

speen (de)	puting	[pʊtiŋ]
kinderwagen (de)	kereta bayi	[kreta baʲi]
kleuterschool (de)	tadika	[tadika]
babysitter (de)	pengasuh kanak-kanak	[pɛŋasʊh kanak kanak]

kindertijd (de)	masa kanak-kanak	[masa kanak kanak]
pop (de)	patung mainan	[patʊŋ maɪnan]
speelgoed (het)	mainan	[maɪnan]
bouwspeelgoed (het)	permainan binaan	[permaɪnan bina:n]
welopgevoed (bn)	berbudi bahasa	[bɛrbʊdi bahasa]
onopgevoed (bn)	kurang ajar	[kʊraŋ adʒar]
verwend (bn)	manja	[mandʒa]

stout zijn (ww)	berbuat nakal	[bɛrbʊat nakal]
stout (bn)	nakal	[nakal]
stoutheid (de)	kenakalan	[kɛnakalan]
stouterd (de)	budak nakal	[bʊdak nakal]

| gehoorzaam (bn) | patuh | [patʊh] |
| ongehoorzaam (bn) | tidak patuh | [tidak patʊh] |

braaf (bn)	menurut kata	[mɛnʊrʊt kata]
slim (verstandig)	pandai, cerdik	[pandaɪ], [tʃɛrdik]
wonderkind (het)	kanak-kanak genius	[kanak kanak geniʊs]

57. Gehuwde paren. Gezinsleven

kussen (een kus geven)	mencium	[mɛntʃium]
elkaar kussen (ww)	bercium-ciuman	[bɛrtʃium tʃiuman]
gezin (het)	keluarga	[kɛluarga]
gezins- (abn)	keluarga, berkeluarga	[kɛluarga], [bɛrkɛluarga]
paar (het)	pasangan	[pasaŋan]
huwelijk (het)	perkahwinan	[pɛrkahvinan]
thuis (het)	rumah	[rumah]
dynastie (de)	dinasti	[dinasti]
date (de)	janji temu	[dʒandʒi tɛmu]
zoen (de)	ciuman	[tʃiuman]
liefde (de)	cinta	[tʃinta]
liefhebben (ww)	mencintai	[mɛntʃintai]
geliefde (bn)	kekasih	[kɛkasih]
tederheid (de)	kelembutan	[kɛlɛmbutan]
teder (bn)	lembut	[lɛmbut]
trouw (de)	kesetiaan	[kesetia:n]
trouw (bn)	setia	[sɛtia]
zorg (bijv. bejaarden~)	perhatian	[pɛrhatian]
zorgzaam (bn)	bertimbang rasa	[bɛrtimbaŋ rasa]
jonggehuwden (mv.)	pengantin baru	[pɛŋantin baru]
wittebroodsweken (mv.)	bulan madu	[bulan madu]
trouwen (vrouw)	berkahwin, bersuami	[bɛrkahvin], [bɛrsuami]
trouwen (man)	berkahwin, beristeri	[bɛrkahvin], [bɛristri]
bruiloft (de)	majlis perkahwinan	[madʒlis pɛrkahvinan]
gouden bruiloft (de)	perkahwinan emas	[pɛrkahvinan ɛmas]
verjaardag (de)	ulang tahun	[ulaŋ tahun]
minnaar (de)	kekasih	[kɛkasih]
minnares (de)	kekasih, perempuan simpanan	[kɛkasih], [pɛrɛmpuan simpanan]
overspel (het)	kecurangan	[kɛtʃuraŋan]
overspel plegen (ww)	curang	[tʃuraŋ]
jaloers (bn)	cemburu	[tʃɛmburu]
jaloers zijn (echtgenoot, enz.)	cemburu	[tʃɛmburu]
echtscheiding (de)	perceraian	[pɛrtʃɛrajan]
scheiden (ww)	bercerai	[bɛrtʃɛraɪ]
ruzie hebben (ww)	bertengkar	[bɛrtɛŋkar]
vrede sluiten (ww)	berdamai	[bɛrdamaɪ]
samen (bw)	bersama	[bɛrsama]
seks (de)	seks	[seks]
geluk (het)	kebahagiaan	[kɛbahagia:n]
gelukkig (bn)	berbahagia	[bɛrbahagia]
ongeluk (het)	kemalangan	[kɛmalaŋan]
ongelukkig (bn)	malang	[malaŋ]

Karakter. Gevoelens. Emoties

58. Gevoelens. Emoties

gevoel (het)	perasaan	[pɛrasa:n]
gevoelens (mv.)	perasaan	[pɛrasa:n]
voelen (ww)	merasa	[mɛrasa]
honger (de)	kelaparan	[kɛlaparan]
honger hebben (ww)	lapar	[lapar]
dorst (de)	kehausan	[kɛhaʊsan]
dorst hebben	haus	[haʊs]
slaperigheid (de)	rasa ngantuk	[rasa ŋantʊk]
willen slapen	mahu tidur	[mahʊ tidʊr]
moeheid (de)	keletihan	[kɛlɛtihan]
moe (bn)	letih	[lɛtih]
vermoeid raken (ww)	letih	[lɛtih]
stemming (de)	angin	[aŋin]
verveling (de)	kebosanan	[kɛbosanan]
zich vervelen (ww)	bosan	[bosan]
afzondering (de)	kesepian	[kɛsepian]
zich afzonderen (ww)	bersunyi diri	[bɛrsʊɲi diri]
bezorgd maken (ww)	merisaukan	[mɛrisaʊkan]
zich bezorgd maken	khuatir	[kʊatir]
zorg (bijv. geld~en)	kekhuatiran	[kɛkʊatiran]
ongerustheid (de)	kekhuatiran	[kɛkʊatiran]
ongerust (bn)	risau	[risaʊ]
zenuwachtig zijn (ww)	naik resah	[naik rɛsah]
in paniek raken	panik	[panik]
hoop (de)	harapan	[harapan]
hopen (ww)	harap	[harap]
zekerheid (de)	keyakinan	[kɛjakinan]
zeker (bn)	yakin	[jakin]
onzekerheid (de)	keraguan	[kɛraguan]
onzeker (bn)	ragu-ragu	[ragʊ ragʊ]
dronken (bn)	mabuk	[mabʊk]
nuchter (bn)	waras	[varas]
zwak (bn)	lemah	[lɛmah]
gelukkig (bn)	berbahagia	[bɛrbahagia]
doen schrikken (ww)	menakutkan	[mɛnakʊtkan]
toorn (de)	keberangan	[kɛbɛraŋan]
woede (de)	kemarahan	[kɛmarahan]
depressie (de)	kemurungan	[kɛmʊrʊŋat]
ongemak (het)	ketidakselesaan	[kɛtidaksɛlesa:n]

gemak, comfort (het)	keselesaan	[kesɛlesa:n]
spijt hebben (ww)	terkilan	[tɛrkilan]
spijt (de)	rasa terkilan	[rasa tɛrkilan]
pech (de)	nasib malang	[nasib malaŋ]
bedroefdheid (de)	dukacita	[dʊkatʃita]

schaamte (de)	rasa malu	[rasa malʊ]
pret (de), plezier (het)	keriangan	[kɛriaŋan]
enthousiasme (het)	keghairahan	[kɛgairahan]
enthousiasteling (de)	orang yang bersemangat	[oraŋ jaŋ bɛrsɛmaŋat]
enthousiasme vertonen	memperlihatkan keghairahan	[mɛmpɛrlihatkan kɛgairahan]

59. Karakter. Persoonlijkheid

karakter (het)	sifat	[sifat]
karakterfout (de)	kecacatan	[kɛtʃatʃatan]
verstand (het)	otak	[otak]
rede (de)	akal	[akal]

geweten (het)	hati nurani	[hati nʊrani]
gewoonte (de)	kebiasaan	[kɛbiasa:n]
bekwaamheid (de)	bakat	[bakat]
kunnen (bijv., ~ zwemmen)	pandai, boleh	[pandaɪ], [bole]

geduldig (bn)	sabar	[sabar]
ongeduldig (bn)	tidak sabar	[tidak sabar]
nieuwsgierig (bn)	suka ambil tahu	[sʊka ambil tahʊ]
nieuwsgierigheid (de)	rasa ingin tahu	[rasa iŋin tahʊ]

bescheidenheid (de)	kerendahan hati	[kɛrɛndahan hati]
bescheiden (bn)	rendah hati	[rɛndah hati]
onbescheiden (bn)	tidak kenal malu	[tidak kɛnal malʊ]

luiheid (de)	kemalasan	[kɛmalasan]
lui (bn)	malas	[malas]
luiwammes (de)	pemalas	[pɛmalas]

sluwheid (de)	kelicikan	[kɛlitʃikan]
sluw (bn)	licik	[litʃik]
wantrouwen (het)	ketidakpercayaan	[kɛtidakpɛrtʃaja:n]
wantrouwig (bn)	tidak percaya	[tidak pɛrtʃaja]

gulheid (de)	kemurahan hati	[kɛmʊrahan hati]
gul (bn)	murah hati	[mʊrah hati]
talentrijk (bn)	berbakat	[bɛrbakat]
talent (het)	bakat	[bakat]

moedig (bn)	berani	[brani]
moed (de)	keberanian	[kebranian]
eerlijk (bn)	jujur	[dʒʊdʒʊr]
eerlijkheid (de)	kejujuran	[kɛdʒʊdʒʊran]
voorzichtig (bn)	berhati-hati	[bɛrhati hati]
manhaftig (bn)	berani	[brani]

ernstig (bn)	serius	[seriʊs]
streng (bn)	tegas	[tɛgas]
resoluut (bn)	tegas	[tɛgas]
onzeker, irresoluut (bn)	ragu-ragu	[ragʊ ragʊ]
schuchter (bn)	malu	[malʊ]
schuchterheid (de)	sifat pemalu	[sifat pɛmalʊ]
vertrouwen (het)	kepercayaan	[kɛpɛrtʃaja:n]
vertrouwen (ww)	percaya	[pɛrtʃaja]
goedgelovig (bn)	yang mudah percaya	[jaŋ mʊdah pɛrtʃaja]
oprecht (bw)	dengan tulus ikhlas	[dɛŋan tʊlʊs ihlas]
oprecht (bn)	tulus ikhlas	[tʊlʊs ihlas]
oprechtheid (de)	ketulusikhlasan	[kɛtʊlʊsihlasan]
open (bn)	terbuka	[tɛrbʊka]
rustig (bn)	tenang	[tɛnaŋ]
openhartig (bn)	terus terang	[tɛrʊs tɛraŋ]
naïef (bn)	naif	[naif]
verstrooid (bn)	lalai	[lalaɪ]
leuk, grappig (bn)	lucu	[lʊtʃʊ]
gierigheid (de)	ketamakan	[kɛtamakan]
gierig (bn)	tamak	[tamak]
inhalig (bn)	kedekut	[kɛdɛkʊt]
kwaad (bn)	jahat	[dʒahat]
koppig (bn)	degil	[dɛgil]
onaangenaam (bn)	tidak menyenangkan	[tidak mɛɲenaŋkan]
egoïst (de)	egois	[egois]
egoïstisch (bn)	egoistik	[egoistik]
lafaard (de)	penakut	[pɛnakʊt]
laf (bn)	penakut	[pɛnakʊt]

60. Slaap. Dromen

slapen (ww)	tidur	[tidʊr]
slaap (in ~ vallen)	tidur	[tidʊr]
droom (de)	mimpi	[mimpi]
dromen (in de slaap)	bermimpi	[bɛrmimpi]
slaperig (bn)	ngantuk	[ŋantʊk]
bed (het)	katil	[katil]
matras (de)	tilam	[tilam]
deken (de)	selimut	[sɛlimʊt]
kussen (het)	bantal	[bantal]
laken (het)	kain cadar	[kain tʃadar]
slapeloosheid (de)	insomnia	[insomnia]
slapeloos (bn)	tidak tidur	[tidak tidʊr]
slaapmiddel (het)	ubat tidur	[ʊbat tidʊr]
slaapmiddel innemen	menerima ubat tidur	[mɛnɛrima ʊbat tidʊr]
willen slapen	mahu tidur	[mahʊ tidʊr]

geeuwen (ww)	menguap	[mɛŋwap]
gaan slapen	pergi tidur	[pɛrgi tidʊr]
het bed opmaken	menyediakan katil	[mɛɲjediakan katil]
inslapen (ww)	tidur	[tidʊr]

nachtmerrie (de)	mimpi ngeri	[mimpi ŋɛri]
gesnurk (het)	dengkuran	[dɛŋkʊran]
snurken (ww)	berdengkur	[bɛrdɛŋkʊr]

wekker (de)	jam loceng	[dʒam lotʃeŋ]
wekken (ww)	membangunkan	[mɛmbaŋʊŋkan]
wakker worden (ww)	bangun	[baŋʊn]
opstaan (ww)	bangun	[baŋʊn]
zich wassen (ww)	mencuci muka	[mɛntʃʊtʃi mʊka]

61. Humor. Gelach. Blijdschap

humor (de)	humor	[hʊmor]
gevoel (het) voor humor	rasa humor	[rasa hʊmor]
plezier hebben (ww)	bersuka ria	[bɛrsʊka ria]
vrolijk (bn)	riang, gembira	[riaŋ], [gɛmbira]
pret (de), plezier (het)	keriangan	[kɛriaŋan]

glimlach (de)	senyuman	[sɛɲjyman]
glimlachen (ww)	senyum	[sɛɲjym]
beginnen te lachen (ww)	tertawa	[tɛrtava]
lachen (ww)	ketawa	[kɛtava]
lach (de)	ketawa	[kɛtava]

mop (de)	anekdot	[anekdot]
grappig (een ~ verhaal)	lucu	[lʊtʃʊ]
grappig (~e clown)	lucu	[lʊtʃʊ]

grappen maken (ww)	berjenaka	[bɛrdʒɛnaka]
grap (de)	jenaka	[dʒɛnaka]
blijheid (de)	kegembiraan	[kɛgɛmbira:n]
blij zijn (ww)	bergembira	[bɛrgɛmbira]
blij (bn)	gembira	[gɛmbira]

62. Discussie, conversatie. Deel 1

| communicatie (de) | pergaulan | [pɛrgaʊlan] |
| communiceren (ww) | bergaul | [bɛrgaʊl] |

conversatie (de)	percakapan	[pɛrtʃakapan]
dialoog (de)	dialog	[dialog]
discussie (de)	perbincangan	[pɛrbintʃaŋan]
debat (het)	debat	[debat]
debatteren, twisten (ww)	berdebat	[bɛrdebat]

| gesprekspartner (de) | kawan berbual | [kavan bɛrbʊal] |
| thema (het) | tema, topik | [tema], [topik] |

standpunt (het)	pendirian	[pɛndirian]
mening (de)	pendapat	[pɛndapat]
toespraak (de)	ucapan	[uʧapan]

bespreking (de)	perbincangan	[pɛrbinʧaŋan]
bespreken (spreken over)	membincangkan	[mɛmbinʧaŋkan]
gesprek (het)	percakapan	[pɛrʧakapan]
spreken (converseren)	bercakap	[bɛrʧakap]
ontmoeting (de)	perjumpaan	[pɛrdʒumpaːn]
ontmoeten (ww)	berjumpa	[bɛrdʒumpa]

spreekwoord (het)	peribahasa	[pɛribahasa]
gezegde (het)	perumpamaan	[pɛrumpamaːn]
raadsel (het)	teka-teki	[tɛka tɛki]
een raadsel opgeven	memberi teka-teki	[mɛmbri tɛka tɛki]
wachtwoord (het)	kata laluan	[kata laluan]
geheim (het)	rahsia	[rahsia]

eed (de)	sumpah	[sumpah]
zweren (een eed doen)	bersumpah	[bɛrsumpah]
belofte (de)	janji	[dʒandʒi]
beloven (ww)	menjanji	[mɛndʒandʒi]

advies (het)	nasihat	[nasihat]
adviseren (ww)	menasihatkan	[mɛnasihatkan]
advies volgen (iemands ~)	mengikuti nasihat	[mɛŋikuti nasihat]
luisteren (gehoorzamen)	mendengar nasihat	[mɛndɛŋar nasihat]

nieuws (het)	berita	[brita]
sensatie (de)	sensasi	[sensasi]
informatie (de)	data	[data]
conclusie (de)	kesimpulan	[kɛsimpulan]
stem (de)	suara	[suara]
compliment (het)	pujian	[pudʒian]
vriendelijk (bn)	mesra	[mɛsra]

woord (het)	perkataan	[pɛrkataːn]
zin (de), zinsdeel (het)	rangkai kata	[raŋkaɪ kata]
antwoord (het)	jawapan	[dʒavapan]

| waarheid (de) | kebenaran | [kɛbɛnaran] |
| leugen (de) | kebohongan | [kɛbohoŋan] |

gedachte (de)	fikiran	[fikiran]
idee (de/het)	gagasan	[gagasan]
fantasie (de)	khalayan	[halajan]

63. Discussie, conversatie. Deel 2

gerespecteerd (bn)	yang dihormati	[jaŋ dihormati]
respecteren (ww)	menghormati	[mɛŋhormati]
respect (het)	penghormatan	[pɛŋhormatan]
Geachte ... (brief)	... yang dihormati	[jaŋ dihormati]
voorstellen (Mag ik jullie ~)	memperkenalkan	[mɛmpɛrkɛnalkan]

kennismaken (met …)	berkenalan	[bɛrkɛnalan]
intentie (de)	niat	[niat]
intentie hebben (ww)	berniat	[bɛrniat]
wens (de)	pengharapan	[pɛŋharapan]
wensen (ww)	mengharapkan	[mɛŋharapkan]

verbazing (de)	kehairanan	[kɛhaɪranan]
verbazen (verwonderen)	menghairankan	[mɛŋhaɪraŋkan]
verbaasd zijn (ww)	hairan	[haɪran]

geven (ww)	memberi	[mɛmbri]
nemen (ww)	mengambil	[mɛŋambil]
teruggeven (ww)	mengembalikan	[mɛŋɛmbalikan]
retourneren (ww)	mengembalikan	[mɛŋɛmbalikan]

zich verontschuldigen	minta maaf	[minta ma:f]
verontschuldiging (de)	permintaan maaf	[pɛrminta:n ma:f]
vergeven (ww)	memaafkan	[mɛma:fkan]

spreken (ww)	bercakap	[bɛrtʃakap]
luisteren (ww)	mendengar	[mɛndɛŋar]
aanhoren (ww)	mendengar	[mɛndɛŋar]
begrijpen (ww)	memahami	[mɛmahami]

tonen (ww)	menunjukkan	[mɛnʊndʒʊkkan]
kijken naar …	memandang	[mɛmandaŋ]
roepen (vragen te komen)	memanggil	[mɛmaŋgil]
afleiden (storen)	mengusik	[mɛŋusik]
storen (lastigvallen)	mengganggu	[mɛŋgaŋgʊ]
doorgeven (ww)	menyerahkan	[mɛɲjerahkan]

verzoek (het)	permintaan	[pɛrminta:n]
verzoeken (ww)	meminta	[mɛminta]
eis (de)	tuntutan	[tʊntʊtan]
eisen (met klem vragen)	menuntut	[mɛnʊntʊt]

beledigen (beledigende namen geven)	mengejek	[mɛŋedʒek]
uitlachen (ww)	mencemuhkan	[mɛntʃɛmʊhkan]
spot (de)	cemuhan	[tʃɛmʊhan]
bijnaam (de)	nama julukan	[nama dʒʊlʊkan]

zinspeling (de)	pembayang	[pɛmbajaŋ]
zinspelen (ww)	membayangkan	[mɛmbajaŋkan]
impliceren (duiden op)	bermaksud	[bɛrmaksʊd]

beschrijving (de)	penggambaran	[pɛŋgambaran]
beschrijven (ww)	menggambarkan	[mɛŋgambarkan]
lof (de)	pujian	[pʊdʒian]
loven (ww)	memuji	[mɛmʊdʒi]

teleurstelling (de)	kekecewaan	[kɛkɛtʃeva:n]
teleurstellen (ww)	mengecewakan	[mɛŋɛtʃevakan]
teleurgesteld zijn (ww)	kecewa	[kɛtʃeva]
veronderstelling (de)	dugaan	[dʊga:n]
veronderstellen (ww)	menduga	[mɛndʊga]

| waarschuwing (de) | peringatan | [pɛriŋatan] |
| waarschuwen (ww) | memperingatkan | [mɛmpɛriŋatkan] |

64. Discussie, conversatie. Deel 3

| aanpraten (ww) | meyakinkan | [mɛjakiŋkan] |
| kalmeren (kalm maken) | menenangkan | [mɛnɛnaŋkan] |

stilte (de)	diam	[diam]
zwijgen (ww)	diam	[diam]
fluisteren (ww)	membisik	[mɛmbisik]
gefluister (het)	bisikan	[bisikan]

| open, eerlijk (bw) | terus terang | [tɛrʊs tɛraŋ] |
| volgens mij … | menurut pendapat saya | [mɛnʊrʊt pɛndapat saja] |

detail (het)	perincian	[pɛrintʃian]
gedetailleerd (bn)	terperinci	[tɛrpɛrintʃi]
gedetailleerd (bw)	secara terperinci	[sɛtʃara tɛrpɛrintʃi]

| hint (de) | bayangan | [bajaŋan] |
| een hint geven | memberi bayangan | [mɛmbri bajaŋan] |

blik (de)	pandangan	[pandaŋan]
een kijkje nemen	memandang	[mɛmandaŋ]
strak (een ~ke blik)	kaku	[kakʊ]
knipperen (ww)	mengelipkan mata	[mɛŋelipkan mata]
knipogen (ww)	mengelipkan	[mɛŋɛlipkan]
knikken (ww)	mengangguk	[mɛŋaŋgʊk]

zucht (de)	keluhan	[kɛlʊhan]
zuchten (ww)	mengeluh	[mɛŋɛlʊh]
huiveren (ww)	terkejut	[tɛrkɛdʒʊt]
gebaar (het)	isyarat	[iɡarat]
aanraken (ww)	menyentuh	[mɛɲjentʊh]
grijpen (ww)	menangkap	[mɛnaŋkap]
een schouderklopje geven	menepuk	[mɛnɛpʊk]

Kijk uit!	Hati-hati!	[hati hati]
Echt?	Yakah?	[jakah]
Bent je er zeker van?	Awak yakin?	[avak jakin]
Succes!	Semoga berjaya!	[sɛmoga bɛrdʒaja]
Juist, ja!	Faham!	[faham]
Wat jammer!	Sayang!	[sajaŋ]

65. Overeenstemming. Weigering

instemming (het)	persetujuan	[pɛrsɛtʊdʒuan]
instemmen (akkoord gaan)	setuju	[sɛtʊdʒʊ]
goedkeuring (de)	persetujuan	[pɛrsɛtʊdʒuan]
goedkeuren (ww)	menyetujui	[mɛɲjetʊdʒui]
weigering (de)	penolakan	[pɛnolakan]

weigeren (ww)	menolak	[mɛnolak]
Geweldig!	Baik sekali!	[baik sɛkali]
Goed!	Baiklah!	[baiklah]
Akkoord!	Okeylah!	[okeɪlah]

verboden (bn)	larangan	[laraŋan]
het is verboden	dilarang	[dilaraŋ]
het is onmogelijk	mustahil	[mʊstahil]
onjuist (bn)	salah	[salah]

afwijzen (ww)	menolak	[mɛnolak]
steunen	menyokong	[mɛnʊokoŋ]
(een goed doel, enz.)		
aanvaarden (excuses ~)	menerima	[mɛnɛrima]

bevestigen (ww)	mengesahkan	[mɛŋɛsahkan]
bevestiging (de)	pengesahan	[pɛŋɛsahan]
toestemming (de)	izin	[izin]
toestaan (ww)	mengizinkan	[mɛŋiziŋkan]
beslissing (de)	keputusan	[kɛpʊtʊsan]
z'n mond houden (ww)	membisu	[mɛmbisʊ]

voorwaarde (de)	syarat, terma	[ɕarat], [tɛrma]
smoes (de)	dalih	[dalih]
lof (de)	pujian	[pʊdʒian]
loven (ww)	memuji	[mɛmʊdʒi]

66. Succes. Veel geluk. Mislukking

succes (het)	kejayaan	[kɛdʒaja:n]
succesvol (bw)	dengan berjaya	[dɛŋan bɛrdʒaja]
succesvol (bn)	berjaya	[bɛrdʒaja]

geluk (het)	tuah	[tʊah]
Succes!	Semoga berjaya!	[sɛmoga bɛrdʒaja]
geluks- (bn)	bertuah	[bɛrtʊah]
gelukkig (fortuinlijk)	bertuah	[bɛrtʊah]

mislukking (de)	kegagalan	[kɛgagalan]
tegenslag (de)	nasib malang	[nasib malaŋ]
pech (de)	nasib malang	[nasib malaŋ]
zonder succes (bn)	gagal	[gagal]
catastrofe (de)	kemalangan	[kɛmalaŋan]

fierheid (de)	kebanggaan	[kɛbaŋga:n]
fier (bn)	berbangga	[bɛrbaŋga]
fier zijn (ww)	bangga	[baŋga]

winnaar (de)	pemenang	[pɛmɛnaŋ]
winnen (ww)	menang	[mɛnaŋ]
verliezen (ww)	tewas	[tevas]
poging (de)	percubaan	[pɛrtʃʊba:n]
pogen, proberen (ww)	mencuba	[mɛntʃʊba]
kans (de)	peluang	[pɛlʊaŋ]

67. Ruzies. Negatieve emoties

schreeuw (de)	jeritan	[dʒɛritan]
schreeuwen (ww)	berjerit	[bɛrdʒɛrit]
beginnen te schreeuwen	menjerit	[mɛndʒɛrit]

ruzie (de)	pertengkaran	[pɛrtɛŋkaran]
ruzie hebben (ww)	bertengkar	[bɛrtɛŋkar]
schandaal (het)	pergaduhan	[pɛrgaduhan]
schandaal maken (ww)	bergaduh	[bɛrgaduh]
conflict (het)	sengketa	[sɛŋketa]
misverstand (het)	salah faham	[salah faham]

belediging (de)	penghinaan	[pɛŋhina:n]
beledigen (met scheldwoorden)	menghina	[mɛŋhina]
beledigd (bn)	terhina	[tɛrhina]
krenking (de)	rasa tersinggung hati	[rasa tɛrsiŋguŋ hati]
krenken (beledigen)	menyinggung hati	[mɛɲiŋguŋ hati]
gekwetst worden (ww)	tersinggung hati	[tɛrsiŋguŋ hati]

verontwaardiging (de)	kemarahan	[kɛmarahan]
verontwaardigd zijn (ww)	marah	[marah]
klacht (de)	aduan	[aduan]
klagen (ww)	mengadu	[mɛɲadu]

verontschuldiging (de)	permintaan maaf	[pɛrminta:n ma:f]
zich verontschuldigen	minta maaf	[minta ma:f]
excuus vragen	minta maaf	[minta ma:f]

kritiek (de)	kritikan	[kritikan]
bekritiseren (ww)	mengkritik	[mɛŋkritik]
beschuldiging (de)	tuduhan	[tuduhan]
beschuldigen (ww)	menuduh	[mɛnuduh]

wraak (de)	dendam	[dɛndam]
wreken (ww)	mendendam	[mɛndɛndam]
wraak nemen (ww)	membalas	[membalas]

minachting (de)	rasa benci	[rasa bɛntʃi]
minachten (ww)	benci akan	[bɛntʃi akan]
haat (de)	kebencian	[kɛbɛntʃian]
haten (ww)	membenci	[mɛmbɛntʃi]

zenuwachtig (bn)	resah	[rɛsah]
zenuwachtig zijn (ww)	naik resah	[naik rɛsah]
boos (bn)	marah	[marah]
boos maken (ww)	memarahkan	[mɛmarahkan]

vernedering (de)	penghinaan	[pɛŋhina:n]
vernederen (ww)	merendahkan	[mɛrɛndahkan]
zich vernederen (ww)	merendahkan diri	[mɛrɛndahkan diri]

schok (de)	kejutan	[kɛdʒutan]
schokken (ww)	mengejutkan	[mɛɲɛdʒutkan]

| onaangenaamheid (de) | kesusahan | [kɛsʊsahan] |
| onaangenaam (bn) | tidak menyenangkan | [tidak mɛɲjenaŋkan] |

vrees (de)	ketakutan	[kɛtakʊtan]
vreselijk (bijv. ~ onweer)	dahsyat	[dahɕat]
eng (bn)	seram	[sɛram]
gruwel (de)	rasa ngeri	[rasa ŋɛri]
vreselijk (~ nieuws)	mengerikan	[mɛŋɛrikan]

beginnen te beven	menggigil	[mɛŋgigil]
huilen (wenen)	menangis	[mɛnaɲis]
beginnen te huilen (wenen)	menangis	[mɛnaɲis]
traan (de)	air mata	[air mata]

schuld (~ geven aan)	kebersalahan	[kɛbɛrsalahan]
schuldgevoel (het)	rasa bersalah	[rasa bɛrsalah]
schande (de)	keaiban	[keaiban]
protest (het)	bantahan	[bantahan]
stress (de)	tekanan	[tɛkanan]

storen (lastigvallen)	mengganggu	[mɛŋgaŋgʊ]
kwaad zijn (ww)	naik berang	[naik beraŋ]
kwaad (bn)	marah	[marah]
beëindigen (een relatie ~)	memberhentikan	[mɛmbɛrhɛntikan]
vloeken (ww)	memarahi	[mɛmarahi]

schrikken (schrik krijgen)	takut	[takʊt]
slaan (iemand ~)	memukul	[mɛmʊkʊl]
vechten (ww)	berkelahi	[bɛrkɛlahi]

regelen (conflict)	menyelesaikan	[mɛɲjelɛsaɪkan]
ontevreden (bn)	tidak puas	[tidak pʊas]
woedend (bn)	garang	[garaŋ]

| Dat is niet goed! | Ini kurang baik! | [ini kʊraŋ baik] |
| Dat is slecht! | Ini buruk! | [ini bʊrʊk] |

Geneeskunde

68. Ziekten

ziekte (de)	penyakit	[pɛɲjakit]
ziek zijn (ww)	sakit	[sakit]
gezondheid (de)	kesihatan	[kɛsihatan]
snotneus (de)	hidung berair	[hidʊŋ bɛrair]
angina (de)	radang tenggorok	[radaŋ tɛŋgorok]
verkoudheid (de)	selesema	[sɛlsɛma]
verkouden raken (ww)	demam selesema	[dɛmam sɛlsɛma]
bronchitis (de)	bronkitis	[broŋkitis]
longontsteking (de)	radang paru-paru	[radaŋ parʊ parʊ]
griep (de)	selesema	[sɛlsɛma]
bijziend (bn)	rabun jauh	[rabʊn dʒaʊh]
verziend (bn)	rabun dekat	[rabʊn dɛkat]
scheelheid (de)	mata juling	[mata dʒʊliŋ]
scheel (bn)	bermata juling	[bɛrmata dʒʊliŋ]
grauwe staar (de)	katarak	[katarak]
glaucoom (het)	glaukoma	[glaʊkoma]
beroerte (de)	angin amhar	[aŋin amhar]
hartinfarct (het)	serangan jantung	[sɛraŋan dʒantʊŋ]
myocardiaal infarct (het)	serangan jantung	[sɛraŋan dʒantʊŋ]
verlamming (de)	lumpuh	[lʊmpʊh]
verlammen (ww)	melumpuhkan	[mɛlʊmpʊhkan]
allergie (de)	alahan	[alahan]
astma (de/het)	penyakit lelah	[pɛɲʲakit lɛlah]
diabetes (de)	diabetes	[diabetes]
tandpijn (de)	sakit gigi	[sakit gigi]
tandbederf (het)	karies	[karis]
diarree (de)	cirit-birit	[tʃirit birit]
constipatie (de)	sembelit	[sɛmbɛlit]
maagstoornis (de)	sakit perut	[sakit prʊt]
voedselvergiftiging (de)	keracunan	[kɛratʃʊnan]
voedselvergiftiging oplopen	keracunan	[kɛratʃʊnan]
artritis (de)	artritis	[artritis]
rachitis (de)	penyakit riket	[pɛɲʲakit riket]
reuma (het)	reumatisme	[reʊmatismɛ]
arteriosclerose (de)	aterosklerosis	[aterosklerosis]
gastritis (de)	gastritis	[gastritis]
blindedarmontsteking (de)	apendisitis	[apendisitis]

galblaasontsteking (de)	radang pundi hempedu	[radaŋ pʊndi hɛmpɛdʊ]
zweer (de)	ulser	[ʊlser]
mazelen (mv.)	campak	[ʧampak]
rodehond (de)	penyakit campak Jerman	[ɛɲjakit ʧampak dʒerman]
geelzucht (de)	sakit kuning	[sakit kʊniŋ]
leverontsteking (de)	hepatitis	[hepatitis]
schizofrenie (de)	skizofrenia	[skizofrenia]
dolheid (de)	penyakit anjing gila	[pɛɲjakit andʒiŋ gila]
neurose (de)	neurosis	[neʊrosis]
hersenschudding (de)	gegaran otak	[gɛgaran otak]
kanker (de)	barah, kanser	[barah], [kansɛr]
sclerose (de)	sklerosis	[sklerosis]
multiple sclerose (de)	sklerosis berbilang	[sklerosis bɛrbilaŋ]
alcoholisme (het)	alkoholisme	[alkoholismɛ]
alcoholicus (de)	kaki arak	[kaki arak]
syfilis (de)	sifilis	[sifilis]
AIDS (de)	AIDS	[eɪds]
tumor (de)	tumor	[tʊmor]
kwaadaardig (bn)	ganas	[ganas]
goedaardig (bn)	bukan barah	[bʊkan barah]
koorts (de)	demam	[dɛmam]
malaria (de)	malaria	[malaria]
gangreen (het)	kelemayuh	[kɛlɛmayh]
zeeziekte (de)	mabuk laut	[mabʊk laʊt]
epilepsie (de)	epilepsi	[epilepsi]
epidemie (de)	wabak	[vabak]
tyfus (de)	tifus	[tifʊs]
tuberculose (de)	tuberkulosis	[tʊbɛrkʊlosis]
cholera (de)	penyakit taun	[pɛɲʲakit taʊn]
pest (de)	sampar	[sampar]

69. Symptomen. Behandelingen. Deel 1

symptoom (het)	tanda	[tanda]
temperatuur (de)	suhu	[sʊhʊ]
verhoogde temperatuur (de)	suhu tinggi	[sʊhʊ tiŋgi]
polsslag (de)	nadi	[nadi]
duizeling (de)	rasa pening	[rasa pɛniŋ]
heet (erg warm)	panas	[panas]
koude rillingen (mv.)	gigil	[gigil]
bleek (bn)	pucat	[pʊʧat]
hoest (de)	batuk	[batʊk]
hoesten (ww)	batuk	[batʊk]
niezen (ww)	bersin	[bɛrsin]
flauwte (de)	pengsan	[peŋsan]

flauwvallen (ww)	jatuh pengsan	[dʒatʊh peŋsan]
blauwe plek (de)	luka lebam	[lʊka lɛbam]
buil (de)	bengkak	[bɛŋkak]
zich stoten (ww)	melanggar	[mɛlaŋgar]
kneuzing (de)	luka memar	[lʊka mɛmar]
kneuzen (gekneusd zijn)	kena luka memar	[kɛna lʊka mɛmar]
hinken (ww)	berjalan pincang	[bɛrdʒalan pintʃaŋ]
verstuiking (de)	seliuh	[sɛliʊh]
verstuiken (enkel, enz.)	terseliuh	[tɛrsɛliʊh]
breuk (de)	patah	[patah]
een breuk oplopen	patah	[patah]
snijwond (de)	hirisan	[hirisan]
zich snijden (ww)	terhiris	[tɛrhiris]
bloeding (de)	pendarahan	[pɛndarahan]
brandwond (de)	luka bakar	[lʊka bakar]
zich branden (ww)	terkena luka bakar	[tɛrkɛna lʊka bakar]
prikken (ww)	mencucuk	[mɛntʃʊtʃʊk]
zich prikken (ww)	tercucuk	[tɛrtʃʊtʃʊk]
blesseren (ww)	mencedera	[mntʃɛdɛra]
blessure (letsel)	cedera	[tʃɛdɛra]
wond (de)	cedera	[tʃɛdɛra]
trauma (het)	trauma	[traʊma]
IJlen (ww)	meracau	[mɛratʃaʊ]
stotteren (ww)	gagap	[gagap]
zonnesteek (de)	strok matahari	[strok matahari]

70. Symptomen. Behandelingen. Deel 2

pijn (de)	sakit	[sakit]
splinter (de)	selumbar	[sɛlʊmbar]
zweet (het)	peluh	[pɛlʊh]
zweten (ww)	berpeluh	[bɛrpɛlʊh]
braking (de)	muntah	[mʊntah]
stuiptrekkingen (mv.)	kekejangan	[kɛkɛdʒaŋan]
zwanger (bn)	hamil	[hamil]
geboren worden (ww)	dilahirkan	[dilahirkan]
geboorte (de)	kelahiran	[kɛlahiran]
baren (ww)	melahirkan	[mɛlahirkan]
abortus (de)	pengguguran anak	[pɛŋgʊgʊran anak]
ademhaling (de)	pernafasan	[pɛrnafasan]
inademing (de)	tarikan nafas	[tarikan nafas]
uitademing (de)	penghembusan nafas	[pɛŋhɛmbʊsan nafas]
uitademen (ww)	menghembuskan nafas	[mɛŋhɛmbʊskan nafas]
inademen (ww)	menarik nafas	[mɛnarik nafas]
invalide (de)	orang kurang upaya	[oraŋ kʊraŋ ʊpaja]
gehandicapte (de)	orang kurang upaya	[oraŋ kʊraŋ ʊpaja]

drugsverslaafde (de)	penagih dadah	[pɛnagih dadah]
doof (bn)	tuli	[tʊli]
stom (bn)	bisu	[bisʊ]
doofstom (bn)	bisu tuli	[bisʊ tʊli]

krankzinnig (bn)	gila	[gila]
krankzinnige (man)	lelaki gila	[lɛlaki gila]
krankzinnige (vrouw)	perempuan gila	[pɛrɛmpʊan gila]
krankzinnig worden	menjadi gila	[mɛndʒadi gila]

gen (het)	gen	[gen]
immuniteit (de)	kekebalan	[kɛkɛbalan]
erfelijk (bn)	pusaka, warisan	[pʊsaka], [varisan]
aangeboren (bn)	bawaan	[bava:n]

virus (het)	virus	[virʊs]
microbe (de)	kuman	[kʊman]
bacterie (de)	kuman	[kʊman]
infectie (de)	jangkitan	[dʒaŋkitan]

71. Symptomen. Behandelingen. Deel 3

ziekenhuis (het)	hospital	[hospital]
patiënt (de)	pesakit	[pɛsakit]

diagnose (de)	diagnosis	[diagnosis]
genezing (de)	rawatan	[ravatan]
medische behandeling (de)	rawatan	[ravatan]
onder behandeling zijn	berubat	[bɛrʊbat]
behandelen (ww)	merawat	[mɛravat]
zorgen (zieken ~)	merawat	[mɛravat]
ziekenzorg (de)	jagaan	[dʒaga:n]

operatie (de)	pembedahan, surgeri	[pɛmbɛdahan], ['sødʒeri]
verbinden (een arm ~)	membalut	[membalʊt]
verband (het)	pembalutan	[pɛmbalʊtan]

vaccin (het)	suntikan	[sʊntikan]
inenten (vaccineren)	menanam cacar	[mɛnanam tʃatʃar]
injectie (de)	cucukan, injeksi	[tʃʊtʃukan], [indʒeksi]
een injectie geven	membuat suntikan	[mɛmbʊat sʊntikan]

aanval (de)	serangan	[sɛraŋan]
amputatie (de)	pemotongan	[pɛmotoŋan]
amputeren (ww)	memotong	[mɛmotoŋ]
coma (het)	keadaan koma	[kɛada:n koma]
in coma liggen	dalam keadaan koma	[dalam kɛada:n koma]
intensieve zorg, ICU (de)	rawatan rapi	[ravatan rapi]

zich herstellen (ww)	sembuh	[sɛmbʊh]
toestand (de)	keadaan	[kɛada:n]
bewustzijn (het)	kesedaran	[kɛ:edaran]
geheugen (het)	ingatan	[iŋatan]
trekken (een kies ~)	mencabut	[mɛntʃabʊt]

vulling (de)	**tampal gigi**	[tampal gigi]
vullen (ww)	**menampal**	[mɛnampal]
hypnose (de)	**hipnosis**	[hipnosis]
hypnotiseren (ww)	**menghipnosis**	[mɛŋhipnosis]

72. Artsen

dokter, arts (de)	**doktor**	[doktor]
ziekenzuster (de)	**jururawat**	[dʒʊrʊravat]
lijfarts (de)	**doktor peribadi**	[doktor pribadi]
tandarts (de)	**doktor gigi**	[doktor gigi]
oogarts (de)	**doktor mata**	[doktor mata]
therapeut (de)	**doktor am**	[doktor am]
chirurg (de)	**doktor bedah**	[doktor bɛdah]
psychiater (de)	**doktor penyakit jiwa**	[doktor pɛɲjakit dʒiva]
pediater (de)	**doktor kanak-kanak**	[doktor kanak kanak]
psycholoog (de)	**pakar psikologi**	[pakar psikologi]
gynaecoloog (de)	**doktor sakit puan**	[doktor sakit puan]
cardioloog (de)	**pakar kardiologi**	[pakar kardiologi]

73. Geneeskunde. Medicijnen. Accessoires

geneesmiddel (het)	**ubat**	[ʊbat]
middel (het)	**ubat**	[ʊbat]
voorschrijven (ww)	**mempreskripsikan**	[mɛmpreskripsikan]
recept (het)	**preskripsi**	[preskripsi]
tablet (de/het)	**pil**	[pil]
zalf (de)	**ubat sapu**	[ʊbat sapʊ]
ampul (de)	**ampul**	[ampʊl]
drank (de)	**ubat cair**	[ʊbat tʃair]
siroop (de)	**sirup**	[sirʊp]
pil (de)	**pil**	[pil]
poeder (de/het)	**serbuk**	[sɛrbʊk]
verband (het)	**kain pembalut**	[kain pɛmbalʊt]
watten (mv.)	**kapas**	[kapas]
jodium (het)	**iodin**	[iodin]
pleister (de)	**plaster**	[plastɛr]
pipet (de)	**pipet**	[pipet]
thermometer (de)	**meter suhu**	[metɛr sʊhʊ]
spuit (de)	**picagari**	[pitʃagari]
rolstoel (de)	**kerusi roda**	[krʊsi roda]
krukken (mv.)	**tongkat ketiak**	[toŋkat kɛtiak]
pijnstiller (de)	**ubat penahan sakit**	[ʊbat pɛnahan sakit]
laxeermiddel (het)	**julap**	[dʒʊlap]

spiritus (de)	alkohol	[alkohol]
medicinale kruiden (mv.)	herba perubatan	[hɛrba pɛrʊbatan]
kruiden- (abn)	herba	[hɛrba]

74. Roken. Tabaksproducten

tabak (de)	tembakau	[tɛmbakaʊ]
sigaret (de)	sigaret	[sigaret]
sigaar (de)	cerutu	[ʧɛrʊtʊ]
pijp (de)	paip	[paɪp]
pakje (~ sigaretten)	kotak	[kotak]

lucifers (mv.)	mancis	[manʧis]
luciferdoosje (het)	kotak mancis	[kotak manʧis]
aansteker (de)	pemetik api	[pɛmɛtik api]
asbak (de)	tempat abu rokok	[tɛmpat abʊ rokok]
sigarettendoosje (het)	celepa rokok	[ʧɛlɛpa rokok]

| sigarettenpijpje (het) | pemegang rokok | [pɛmɛgaŋ rokok] |
| filter (de/het) | penapis | [pɛnapis] |

roken (ww)	merokok	[mɛrokok]
een sigaret opsteken	menyalakan api rokok	[mɛɲjalakan api rokok]
roken (het)	merokok	[mɛrokok]
roker (de)	perokok	[pɛrokok]

peuk (de)	puntung rokok	[pʊntʊŋ rokok]
rook (de)	asap	[asap]
as (de)	abu	[abʊ]

HET MENSELIJKE LEEFGEBIED

Stad

75. Stad. Het leven in de stad

stad (de)	bandar	[bandar]
hoofdstad (de)	ibu negara	[ibu nɛgara]
dorp (het)	kampung	[kampʊŋ]
plattegrond (de)	pelan bandar	[plan bandar]
centrum (ov. een stad)	pusat bandar	[pʊsat bandar]
voorstad (de)	pinggir bandar	[piŋgir bandar]
voorstads- (abn)	pinggir bandar	[piŋgir bandar]
randgemeente (de)	pinggir	[piŋgir]
omgeving (de)	persekitaran	[pɛrɛekitaran]
blok (huizenblok)	blok	[blok]
woonwijk (de)	blok kediaman	[blok kɛdiaman]
verkeer (het)	lalu lintas, trafik	[lalʊ lintas], [trafik]
verkeerslicht (het)	lampu isyarat	[lampʊ iɕarat]
openbaar vervoer (het)	pengangkutan awam bandar	[pɛŋaŋkʊtan avam bandar]
kruispunt (het)	persimpangan	[pɛrsimpaŋan]
zebrapad (oversteekplaats)	lintasan pejalan kaki	[lintasan pɛdʒalan kaki]
onderdoorgang (de)	terowong pejalan kaki	[tɛrovoŋ pɛdʒalan kaki]
oversteken (de straat ~)	melintas	[mɛlintas]
voetganger (de)	pejalan kaki	[pɛdʒalan kaki]
trottoir (het)	kaki lima	[kaki lima]
brug (de)	jambatan	[dʒambatan]
dijk (de)	jalan tepi sungai	[dʒalan tɛpi sʊŋaɪ]
fontein (de)	pancutan air	[pantʃʊtan air]
allee (de)	lorong	[loroŋ]
park (het)	taman	[taman]
boulevard (de)	boulevard	[bʊlevard]
plein (het)	dataran	[dataran]
laan (de)	lebuh	[lɛbʊh]
straat (de)	jalan	[dʒalan]
zijstraat (de)	lorong	[loroŋ]
doodlopende straat (de)	buntu	[bʊntʊ]
huis (het)	rumah	[rʊmah]
gebouw (het)	bangunan	[baŋunan]
wolkenkrabber (de)	cakar langit	[tʃakar laŋit]
gevel (de)	muka	[mʊka]

dak (het)	bumbung	[bʊmbʊŋ]
venster (het)	tingkap	[tiŋkap]
boog (de)	lengkung	[lɛŋkʊŋ]
pilaar (de)	tiang	[tiaŋ]
hoek (ov. een gebouw)	sudut	[sʊdʊt]

vitrine (de)	cermin pameran	[tʃɛrmin pameran]
gevelreclame (de)	papan nama	[papan nama]
affiche (de/het)	poster	[postɛr]
reclameposter (de)	poster iklan	[postɛr iklan]
aanplakbord (het)	papan iklan	[papan iklan]

vuilnis (de/het)	sampah	[sampah]
vuilnisbak (de)	tong sampah	[toŋ sampah]
afval weggooien (ww)	menyepah	[mɛɲjepah]
stortplaats (de)	tempat sampah	[tɛmpat sampah]

telefooncel (de)	pondok telefon	[pondok telefon]
straatlicht (het)	tiang lampu jalan	[tiaŋ lampʊ dʒalan]
bank (de)	bangku	[baŋkʊ]

politieagent (de)	anggota polis	[aŋgota polis]
politie (de)	polis	[polis]
zwerver (de)	pengemis	[pɛŋɛmis]
dakloze (de)	orang yang tiada tempat berteduh	[oraŋ jaŋ tiada tɛmpat bɛrtɛdʊh]

76. Stedelijke instellingen

winkel (de)	kedai	[kɛdaɪ]
apotheek (de)	kedai ubat	[kɛdaɪ ʊbat]
optiek (de)	kedai optik	[kɛdaɪ optik]
winkelcentrum (het)	pusat membeli-belah	[pʊsat membli blah]
supermarkt (de)	pasaraya	[pasaraja]

bakkerij (de)	kedai roti	[kɛdaɪ roti]
bakker (de)	pembakar roti	[pɛmbakar roti]
banketbakkerij (de)	kedai kuih	[kɛdaɪ kʊih]
kruidenier (de)	barang-barang runcit	[baraŋ baraŋ rʊntʃit]
slagerij (de)	kedai daging	[kɛdaɪ dagiŋ]

| groentewinkel (de) | kedai sayur | [kɛdaɪ sayr] |
| markt (de) | pasar | [pasar] |

koffiehuis (het)	kedai kopi	[kɛdaɪ kopi]
restaurant (het)	restoran	[restoran]
bar (de)	kedai bir	[kɛdaɪ bir]
pizzeria (de)	kedai piza	[kɛdaɪ piza]

kapperssalon (de/het)	kedai gunting rambut	[kɛdaɪ gʊntiŋ rambʊt]
postkantoor (het)	pejabat pos	[pɛdʒabat pos]
stomerij (de)	kedai cucian kering	[kɛdaɪ tʃʊtʃian kriŋ]
fotostudio (de)	studio foto	[stʊdio foto]
schoenwinkel (de)	kedai kasut	[kɛdaɪ kasʊt]

| boekhandel (de) | kedai buku | [kɛdaɪ bʊkʊ] |
| sportwinkel (de) | kedai barang sukan | [kɛdaɪ baraŋ sʊkan] |

kledingreparatie (de)	pembaikan baju	[pɛmbaikan badʒʊ]
kledingverhuur (de)	sewaan kostum	[seva:n kostʊm]
videotheek (de)	sewa filem	[seva filɛm]

circus (de/het)	sarkas	[sarkas]
dierentuin (de)	zoo	[zʊ]
bioscoop (de)	pawagam	[pavagam]
museum (het)	muzium	[mʊziʊm]
bibliotheek (de)	perpustakaan	[pɛrpʊstaka:n]

theater (het)	teater	[teatɛr]
opera (de)	opera	[opɛra]
nachtclub (de)	kelab malam	[klab malam]
casino (het)	kasino	[kasino]

moskee (de)	masjid	[masdʒid]
synagoge (de)	saumaah	[saʊma:h]
kathedraal (de)	katedral	[katɛdral]
tempel (de)	rumah ibadat	[rʊmah ibadat]
kerk (de)	gereja	[gɛredʒa]

instituut (het)	institut	[institʊt]
universiteit (de)	universiti	[ʊnivɛrsiti]
school (de)	sekolah	[sɛkolah]

gemeentehuis (het)	prefekture	[prefektʊrɛ]
stadhuis (het)	dewan bandaran	[devan bandaran]
hotel (het)	hotel	[hotel]
bank (de)	bank	[baŋk]

ambassade (de)	kedutaan besar	[kɛdʊta:n bɛsar]
reisbureau (het)	agensi pelancongan	[agensi pɛlantʃoŋan]
informatieloket (het)	pejabat penerangan	[pɛdʒabat pɛnɛraŋan]
wisselkantoor (het)	pusat pertukaran mata wang	[pʊsat pɛrtʊkaran mata vaŋ]

| metro (de) | LRT | [ɛl ar ti] |
| ziekenhuis (het) | hospital | [hospital] |

| benzinestation (het) | stesen minyak | [stesen miɲjak] |
| parking (de) | tempat letak kereta | [tɛmpat lɛtak kreta] |

77. Stedelijk vervoer

bus, autobus (de)	bas	[bas]
tram (de)	trem	[trem]
trolleybus (de)	bas elektrik	[bas elektrik]
route (de)	laluan	[lalʊan]
nummer (busnummer, enz.)	nombor	[nombor]
rijden met ...	naik	[naik]
stappen (in de bus ~)	naik	[naik]

afstappen (ww)	turun	[tʊrʊn]
halte (de)	perhentian	[pɛrhɛntian]
volgende halte (de)	perhentian berikut	[pɛrhɛntian bɛrikʊt]
eindpunt (het)	perhentian akhir	[pɛrhɛntian akhir]
dienstregeling (de)	jadual waktu	[dʒadʊal vaktʊ]
wachten (ww)	menunggu	[mɛnʊŋgʊ]

| kaartje (het) | tiket | [tiket] |
| reiskosten (de) | harga tiket | [harga tiket] |

kassier (de)	juruwang, kasyier	[dʒʊrʊvaŋ], [kaʃier]
kaartcontrole (de)	pemeriksaan tiket	[pɛmɛriksaːn tiket]
controleur (de)	konduktor	[kondʊktor]

te laat zijn (ww)	lambat	[lambat]
missen (de bus ~)	ketinggalan	[kɛtiŋgalan]
zich haasten (ww)	tergesa-gesa	[tɛrgɛsa gɛsa]

taxi (de)	teksi	[teksi]
taxichauffeur (de)	pemandu teksi	[pɛmandʊ teksi]
met de taxi (bw)	naik teksi	[naik tɛksi]
taxistandplaats (de)	perhentian teksi	[pɛrhɛntian teksi]
een taxi bestellen	memanggil teksi	[mɛmaŋgil teksi]
een taxi nemen	mengambil teksi	[mɛŋambil teksi]

verkeer (het)	lalu lintas, trafik	[lalʊ lintas], [trafik]
file (de)	kesesakan trafik	[kɛsɛsakan trafik]
spitsuur (het)	jam sibuk	[dʒam sibʊk]
parkeren (on.ww.)	meletak kereta	[mɛlɛtak kreta]
parkeren (ov.ww.)	meletak	[mɛlɛtak]
parking (de)	tempat meletak	[tɛmpat mɛlɛtak]

metro (de)	LRT	[ɛl ar ti]
halte (bijv. kleine treinhalte)	stesen	[stesen]
de metro nemen	naik LRT	[naik ɛl ar ti]
trein (de)	kereta api, tren	[kreta api], [tren]
station (treinstation)	stesen kereta api	[stesen kreta api]

78. Bezienswaardigheden

monument (het)	tugu	[tʊgʊ]
vesting (de)	kubu	[kʊbʊ]
paleis (het)	istana	[istana]
kasteel (het)	istana kota	[istana kota]
toren (de)	menara	[mɛnara]
mausoleum (het)	mausoleum	[maʊsoleʊm]

architectuur (de)	seni bina	[sɛni bina]
middeleeuws (bn)	abad pertengahan	[abad pɛrtɛŋahan]
oud (bn)	kuno	[kʊno]
nationaal (bn)	nasional	[nasional]
bekend (bn)	terkenal	[tɛrkɛnal]
toerist (de)	pelancong	[pɛlantʃoŋ]
gids (de)	pemandu	[pɛmandʊ]

rondleiding (de)	darmawisata	[darmavisata]
tonen (ww)	menunjukkan	[mɛnʊndʒʊkkan]
vertellen (ww)	menceritakan	[mɛntʃɛritakan]

vinden (ww)	mendapati	[mɛndapati]
verdwalen (de weg kwijt zijn)	kehilangan	[kɛhilaŋan]
plattegrond (~ van de metro)	peta	[pɛta]
plattegrond (~ van de stad)	pelan	[plan]

souvenir (het)	cenderamata	[tʃɛndramata]
souvenirwinkel (de)	kedai cenderamata	[kedaɪ tʃɛndramata]
een foto maken (ww)	mengambil gambar	[mɛŋambil gambar]
zich laten fotograferen	bergambar	[bɛrgambar]

79. Winkelen

kopen (ww)	membeli	[mɛmbli]
aankoop (de)	belian	[blian]
winkelen (ww)	membeli-belah	[mɛmbli blah]
winkelen (het)	berbelanja	[bɛrblandʒa]

| open zijn (ov. een winkel, enz.) | buka | [bʊka] |
| gesloten zijn (ww) | tutup | [tʊtʊp] |

schoeisel (het)	kasut	[kasʊt]
kleren (mv.)	pakaian	[pakajan]
cosmetica (de)	alat solek	[alat solek]
voedingswaren (mv.)	bahan makanan	[bahan makanan]
geschenk (het)	hadiah	[hadiah]

| verkoper (de) | penjual | [pɛndʒʊal] |
| verkoopster (de) | jurujual perempuan | [dʒʊrʊdʒʊal pɛrɛmpʊan] |

kassa (de)	tempat juruwang	[tɛmpat dʒʊrʊvaŋ]
spiegel (de)	cermin	[tʃɛrmin]
toonbank (de)	kaunter	[kaʊnter]
paskamer (de)	bilik acu	[bilik atʃʊ]

aanpassen (ww)	mencuba	[mɛntʃʊba]
passen (ov. kleren)	sesuai	[sɛsʊaɪ]
bevallen (prettig vinden)	suka	[sʊka]

prijs (de)	harga	[harga]
prijskaartje (het)	tanda harga	[tanda harga]
kosten (ww)	berharga	[bɛrharga]
Hoeveel?	Berapa?	[brapa]
korting (de)	potongan	[potoŋan]

niet duur (bn)	tidak mahal	[tidak mahal]
goedkoop (bn)	murah	[mʊrah]
duur (bn)	mahal	[mahal]
Dat is duur.	Ini mahal	[ini mahal]
verhuur (de)	sewaan	[seva:n]

huren (smoking, enz.)	menyewa	[mɛɲjeva]
krediet (het)	pinjaman	[pindʒaman]
op krediet (bw)	dengan pinjaman sewa beli	[dɛŋan pindʒaman seva eli]

80. Geld

geld (het)	wang	[vaŋ]
ruil (de)	pertukaran	[pɛrtʊkaran]
koers (de)	kadar pertukaran	[kadar pɛrtʊkaran]
geldautomaat (de)	ATM	[ɛɪ ti ɛm]
muntstuk (de)	syiling	[ʃiliŋ]

| dollar (de) | dolar | [dolar] |
| euro (de) | euro | [eʊro] |

lire (de)	lire Itali	[lirɛ itali]
Duitse mark (de)	Deutsche Mark	[dɔɪtʃe mark]
frank (de)	franc	[fraŋk]
pond sterling (het)	paun	[paʊn]
yen (de)	yen	[ɪen]

schuld (geldbedrag)	hutang	[hʊtaŋ]
schuldenaar (de)	si berhutang	[si bɛrhʊtaŋ]
uitlenen (ww)	meminjamkan	[mɛmindʒamkan]
lenen (geld ~)	meminjam	[mɛmindʒam]

bank (de)	bank	[baŋk]
bankrekening (de)	akaun	[akaʊn]
storten (ww)	memasukkan	[mɛmasʊkkan]
op rekening storten	memasukkan ke dalam akaun	[mɛmasʊkkan ke dalam akaʊn]
opnemen (ww)	mengeluarkan wang	[mɛŋelʊarkan vaŋ]

kredietkaart (de)	kad kredit	[kad kredit]
baar geld (het)	wang tunai	[vaŋ tʊnaɪ]
cheque (de)	cek	[tʃek]
een cheque uitschrijven	menulis cek	[mɛnʊlis tʃek]
chequeboekje (het)	buku cek	[bʊkʊ tʃek]

portefeuille (de)	beg duit	[beg dʊit]
geldbeugel (de)	dompet	[dompet]
portemonnee (de)	dompet	[dompet]
safe (de)	peti besi	[pɛti bɛsi]

erfgenaam (de)	pewaris	[pɛvaris]
erfenis (de)	warisan	[varisan]
fortuin (het)	kekayaan	[kɛkaja:n]

huur (de)	sewa	[seva]
huurprijs (de)	sewa rumah	[seva rʊmah]
huren (huis, kamer)	menyewa	[mɛɲjeva]

| prijs (de) | harga | [harga] |
| kostprijs (de) | kos | [kos] |

som (de)	jumlah	[dʒumlah]
uitgeven (geld besteden)	menghabiskan	[mɛŋhabiskan]
kosten (mv.)	belanja	[blandʒa]
bezuinigen (ww)	menjimatkan	[mɛndʒimatkan]
zuinig (bn)	cermat	[ʧɛrmat]

betalen (ww)	membayar	[mɛmbajar]
betaling (de)	pembayaran	[pɛmbajaran]
wisselgeld (het)	sisa wang	[sisa vaŋ]

belasting (de)	cukai	[ʧukaɪ]
boete (de)	denda	[dɛnda]
beboeten (bekeuren)	mendenda	[mɛndɛnda]

81. Post. Postkantoor

postkantoor (het)	pejabat pos	[pɛdʒabat pos]
post (de)	mel	[mel]
postbode (de)	posmen	[posmen]
openingsuren (mv.)	waktu pejabat	[vaktu pɛdʒabat]

brief (de)	surat	[surat]
aangetekende brief (de)	surat berdaftar	[surat bɛrdaftar]
briefkaart (de)	poskad	[poskad]
telegram (het)	telegram	[telegram]
postpakket (het)	kiriman pos	[kiriman pos]
overschrijving (de)	kiriman wang	[kiriman vaŋ]

ontvangen (ww)	menerima	[mɛnɛrima]
sturen (zenden)	mengirim	[mɛŋirim]
verzending (de)	pengiriman	[pɛŋiriman]

adres (het)	alamat	[alamat]
postcode (de)	poskod	[poskod]
verzender (de)	pengirim	[pɛŋirim]
ontvanger (de)	penerima	[pɛnɛrima]

| naam (de) | nama | [nama] |
| achternaam (de) | nama keluarga | [nama kɛluarga] |

tarief (het)	tarif	[tarif]
standaard (bn)	biasa, lazim	[biasa], [lazim]
zuinig (bn)	ekonomik	[ekonomik]

gewicht (het)	berat	[brat]
afwegen (op de weegschaal)	menimbang	[mɛnimbaŋ]
envelop (de)	sampul surat	[sampul surat]
postzegel (de)	setem	[sɛtem]
een postzegel plakken op	melekatkan setem	[mɛlɛkatkan ɛetem]

Woning. Huis. Thuis

82. Huis. Woning

huis (het)	rumah	[rʊmah]
thuis (bw)	di rumah	[di rʊmah]
cour (de)	halaman	[halaman]
omheining (de)	jeriji pagar	[dʒɛrɪdʒi pagar]
baksteen (de)	batu bata	[batʊ bata]
van bakstenen	batu bata	[batʊ bata]
steen (de)	batu	[batʊ]
stenen (bn)	batu	[batʊ]
beton (het)	konkrit	[koŋkrit]
van beton	konkrit	[koŋkrit]
nieuw (bn)	baru	[barʊ]
oud (bn)	tua	[tʊa]
vervallen (bn)	usang, uzur	[ʊsaŋ], [ʊzʊr]
modern (bn)	moden	[modɛn]
met veel verdiepingen	bertingkat	[bɛrtiŋkat]
hoog (bn)	tinggi	[tiŋgi]
verdieping (de)	tingkat	[tiŋkat]
met een verdieping	satu tingkat	[satʊ tiŋkat]
laagste verdieping (de)	lantai bawah	[lantaɪ bavah]
bovenverdieping (de)	lantai atas	[lantaɪ atas]
dak (het)	bumbung	[bʊmbʊŋ]
schoorsteen (de)	cerobong	[tʃɛroboŋ]
dakpan (de)	genting	[gɛntiŋ]
pannen- (abn)	genting	[gɛntiŋ]
zolder (de)	loteng	[lotɛŋ]
venster (het)	tingkap	[tiŋkap]
glas (het)	kaca	[katʃa]
vensterbank (de)	ambang tingkap	[ambaŋ tiŋkap]
luiken (mv.)	daun tingkap	[daʊn tiŋkap]
muur (de)	dinding	[dindiŋ]
balkon (het)	langkan	[laŋkan]
regenpijp (de)	paip salir	[paɪp salir]
boven (bw)	di atas	[di atas]
naar boven gaan (ww)	naik	[naik]
afdalen (on.ww.)	turun	[tʊrʊn]
verhuizen (ww)	berpindah	[bɛrpindah]

83. Huis. Ingang. Lift

ingang (de)	pintu masuk	[pintʊ masʊk]
trap (de)	tangga	[taŋga]
treden (mv.)	anak tangga	[anak taŋga]
trapleuning (de)	selusur tangan	[sɛlʊsʊr taŋan]
hal (de)	ruang legar	[rʊaŋ legar]
postbus (de)	peti surat	[pɛti sʊrat]
vuilnisbak (de)	tong sampah	[toŋ sampah]
vuilniskoker (de)	pelongsor sampah	[pɛloŋsor sampah]
lift (de)	lif	[lif]
goederenlift (de)	lif muatan	[lif mʊatan]
liftcabine (de)	gerabak lif	[gɛrabak lif]
de lift nemen	naik lif	[naik lif]
appartement (het)	pangsapuri	[paŋsapʊri]
bewoners (mv.)	penghuni	[pɛŋhʊni]
buurman (de)	jiran lelaki	[dʒiran lɛlaki]
buurvrouw (de)	jiran perempuan	[dʒiran pɛrɛmpʊan]
buren (mv.)	jiran	[dʒiran]

84. Huis. Deuren. Sloten

deur (de)	pintu	[pintʊ]
toegangspoort (de)	pintu gerbang	[pintʊ gɛrbaŋ]
deurkruk (de)	tangkai	[taŋkaɪ]
ontsluiten (ontgrendelen)	membuka kunci	[mɛmbʊka kʊntʃi]
openen (ww)	membuka	[mɛmbʊka]
sluiten (ww)	menutup	[mɛnʊtʊp]
sleutel (de)	kunci	[kʊntʃi]
sleutelbos (de)	sejambak	[sɛdʒambak]
knarsen (bijv. scharnier)	berkerik	[bɛrɛerik]
knarsgeluid (het)	bunyi kerik	[bʊɲi kɛrik]
scharnier (het)	engsel	[eŋsel]
deurmat (de)	ambal	[ambal]
slot (het)	kunci pintu	[kʊntʃi pintʊ]
sleutelgat (het)	lubang kunci	[lʊbaŋ kʊntʃi]
grendel (de)	selak pintu	[sɛlak pintʊ]
schuif (de)	selak pintu	[sɛlak pintʊ]
hangslot (het)	mangga	[maŋga]
aanbellen (ww)	membunyikan	[mɛmbʊɲikan]
bel (geluid)	bunyi loceng	[bʊɲi lotʃeŋ]
deurbel (de)	loceng	[lotʃeŋ]
belknop (de)	tombol	[tombol]
geklop (het)	ketukan	[kɛtʊkan]
kloppen (ww)	mengetuk	[mɛŋetʊk]
code (de)	kod	[kod]
cijferslot (het)	kunci kod	[kʊntʃi kod]

parlofoon (de)	interkom	[intɛrkom]
nummer (het)	nombor	[nombor]
naambordje (het)	papan tanda	[papan tanda]
deurspion (de)	lubang intai	[lʊbaŋ intaɪ]

85. Huis op het platteland

| dorp (het) | kampung | [kampʊŋ] |
| moestuin (de) | kebun sayur | [kɛbʊn sayr] |

hek (het)	pagar	[pagar]
houten hekwerk (het)	pagar	[pagar]
tuinpoortje (het)	pintu pagar	[pintʊ pagar]

| graanschuur (de) | rengkiang | [rɛŋkiaŋ] |
| wortelkelder (de) | bilik stor bawah tanah | [bilik stor bavah tanah] |

| schuur (de) | bangsal | [baŋsal] |
| waterput (de) | perigi | [pɛrigi] |

kachel (de)	dapur	[dapʊr]
de kachel stoken	membakar dapur	[mɛmbakar dapʊr]
brandhout (het)	kayu bakar	[kay bakar]
houtblok (het)	kayu api	[kay api]

veranda (de)	serambi	[sɛrambi]
terras (het)	serambi	[sɛrambi]
bordes (het)	anjung depan	[andʒʊŋ dɛpan]
schommel (de)	buyaian	[bʊajan]

86. Kasteel. Paleis

kasteel (het)	istana kota	[istana kota]
paleis (het)	istana	[istana]
vesting (de)	kubu	[kʊbʊ]

ringmuur (de)	tembok	[tembok]
toren (de)	menara	[mɛnara]
donjon (de)	menara utama	[mɛnara ʊtama]

valhek (het)	gril pintu kota	[gril pintʊ kota]
onderaardse gang (de)	laluan bawah tanah	[lalʊan bavah tanah]
slotgracht (de)	parit	[parit]

| ketting (de) | rantai | [rantaɪ] |
| schietgat (het) | lubang untuk memanah | [lʊbaŋ ʊntʊk mɛmanah] |

| prachtig (bn) | cemerlang | [tʃɛmɛrlaŋ] |
| majestueus (bn) | hebat dan agung | [hebat dan agʊŋ] |

| onneembaar (bn) | tidak boleh dicapai | [tidak bole ditʃapaɪ] |
| middeleeuws (bn) | abad pertengahan | [abad pɛrtɛŋahan] |

87. Appartement

appartement (het)	pangsapuri	[paŋsapʊri]
kamer (de)	bilik	[bilik]
slaapkamer (de)	bilik tidur	[bilik tidʊr]
eetkamer (de)	bilik makan	[bilik makan]
salon (de)	ruang tamu	[rʊaŋ tamʊ]
studeerkamer (de)	bilik bacaan	[bilik batʃaːn]
gang (de)	ruang depan	[rʊaŋ dɛpan]
badkamer (de)	bilik mandi	[bilik mandi]
toilet (het)	tandas	[tandas]
plafond (het)	siling	[siliŋ]
vloer (de)	lantai	[lantaɪ]
hoek (de)	sudut	[sʊdʊt]

88. Appartement. Schoonmaken

schoonmaken (ww)	mengemaskan	[mɛŋɛmaskan]
opbergen (in de kast, enz.)	menyimpan	[mɛɲimpan]
stof (het)	habuk, debu	[habʊk], [dɛbʊ]
stoffig (bn)	berhabuk	[bɛrhabʊk]
stoffen (ww)	mengesat debu	[mɛŋɛsat debʊ]
stofzuiger (de)	pembersih vakum	[pɛmbɛrsih vakʊm]
stofzuigen (ww)	memvakum	[mɛmvakʊm]
vegen (de vloer ~)	menyapu	[mɛɲapʊ]
veegsel (het)	sampah	[sampah]
orde (de)	keteraturan	[kɛteratʊran]
wanorde (de)	keadaan berselerak	[kɛadaːn bɛrɛelerak]
zwabber (de)	mop lantai	[mop lantaɪ]
poetsdoek (de)	lap	[lap]
veger (de)	penyapu	[pɛɲapʊ]
stofblik (het)	penadah sampah	[pɛnadah sampah]

89. Meubels. Interieur

meubels (mv.)	perabot	[pɛrabot]
tafel (de)	meja	[medʒa]
stoel (de)	kerusi	[krʊsi]
bed (het)	katil	[katil]
bankstel (het)	sofa	[sofa]
fauteuil (de)	kerusi tangan	[krʊsi taŋan]
boekenkast (de)	almari buku	[almari bʊkʊ]
boekenrek (het)	rak	[rak]
stellingkast (de)	tetingkat buku	[tɛtiŋkat bʊkʊ]
kledingkast (de)	almari	[almari]

kapstok (de)	tempat sangkut baju	[tɛmpat saŋkʊt badʒʊ]
staande kapstok (de)	penyangkut kot	[pɛɲjaŋkʊt kot]
commode (de)	almari laci	[almari latʃi]
salontafeltje (het)	meja tamu	[medʒa tamʊ]
spiegel (de)	cermin	[tʃɛrmin]
tapijt (het)	permaidani	[pɛrmaɪdani]
tapijtje (het)	ambal	[ambal]
haard (de)	perapian	[pɛrapian]
kaars (de)	linlin	[linlin]
kandelaar (de)	kaki dian	[kaki dian]
gordijnen (mv.)	langsir	[laŋsir]
behang (het)	kertas dinding	[kɛrtas dindiŋ]
jaloezie (de)	kerai	[kraɪ]
bureaulamp (de)	lampu meja	[lampʊ medʒa]
wandlamp (de)	lampu dinding	[lampʊ dindiŋ]
staande lamp (de)	lampu lantai	[lampʊ lantaɪ]
luchter (de)	candelier	[tʃandelir]
poot (ov. een tafel, enz.)	kaki	[kaki]
armleuning (de)	lengan	[lɛŋan]
rugleuning (de)	sandaran	[sandaran]
la (de)	laci	[latʃi]

90. Beddengoed

beddengoed (het)	linen	[linen]
kussen (het)	bantal	[bantal]
kussenovertrek (de)	sarung bantal	[sarʊŋ bantal]
deken (de)	selimut	[sɛlimʊt]
laken (het)	kain cadar	[kain tʃadar]
sprei (de)	tutup tilam bantal	[tʊtʊp tilam bantal]

91. Keuken

keuken (de)	dapur	[dapʊr]
gas (het)	gas	[gas]
gasfornuis (het)	dapur gas	[dapʊr gas]
elektrisch fornuis (het)	dapur elektrik	[dapʊr elektrik]
oven (de)	oven	[oven]
magnetronoven (de)	dapur gelombang mikro	[dapʊr gɛlombaŋ mikro]
koelkast (de)	peti sejuk	[pɛti sɛdʒʊk]
diepvriezer (de)	petak sejuk beku	[petak sɛdʒʊk bɛkʊ]
vaatwasmachine (de)	mesin basuh pinggan mangkuk	[mesin basʊh piŋgan maŋkʊk]
vleesmolen (de)	pengisar daging	[pɛŋisar dagiŋ]
vruchtenpers (de)	pemerah jus	[pɛmɛrah dʒʊs]

toaster (de)	pembakar roti	[pɛmbakar roti]
mixer (de)	pengadun	[pɛŋadʊn]
koffiemachine (de)	pembuat kopi	[pɛmbʊat kopi]
koffiepot (de)	kole kopi	[kole kopi]
koffiemolen (de)	pengisar kopi	[pɛŋisar kopi]
fluitketel (de)	cerek	[ʧerek]
theepot (de)	poci	[potʃi]
deksel (de/het)	tutup	[tʊtʊp]
theezeefje (het)	penapis the	[pɛnapis teh]
lepel (de)	sudu	[sʊdʊ]
theelepeltje (het)	sudu teh	[sʊdʊ teh]
eetlepel (de)	sudu makan	[sʊdʊ makan]
vork (de)	garpu	[garpʊ]
mes (het)	pisau	[pisaʊ]
vaatwerk (het)	pinggan mangkuk	[piŋgan maŋkʊk]
bord (het)	pinggan	[piŋgan]
schoteltje (het)	alas cawan	[alas ʧavan]
likeurglas (het)	gelas wain kecil	[glas vaɪn ketʃil]
glas (het)	gelas	[glas]
kopje (het)	cawan	[ʧavan]
suikerpot (de)	tempat gula	[tɛmpat gʊla]
zoutvat (het)	tempat garam	[tɛmpat garam]
pepervat (het)	tempat lada	[tɛmpat lada]
boterschaaltje (het)	tempat mentega	[tɛmpat mɛntega]
steelpan (de)	periuk	[priʊk]
bakpan (de)	kuali	[kʊali]
pollepel (de)	sendok	[sendok]
vergiet (de/het)	alat peniris	[alat pɛniris]
dienblad (het)	dulang	[dʊlaŋ]
fles (de)	botol	[botol]
glazen pot (de)	balang	[balaŋ]
blik (conserven~)	tin	[tin]
flesopener (de)	pembuka botol	[pɛmbʊka botol]
blikopener (de)	pembuka tin	[pɛmbʊka tin]
kurkentrekker (de)	skru gabus	[skrʊ gabʊs]
filter (de/het)	penapis	[pɛnapis]
filteren (ww)	menapis	[mɛnapis]
huisvuil (het)	sampah	[sampah]
vuilnisemmer (de)	baldi sampah	[baldi sampah]

92. Badkamer

badkamer (de)	bilik mandi	[bilik mandi]
water (het)	air	[air]

kraan (de)	pili	[pili]
warm water (het)	air panas	[air panas]
koud water (het)	air sejuk	[air sɛdʒʊk]

tandpasta (de)	ubat gigi	[ʊbat gigi]
tanden poetsen (ww)	memberus gigi	[mɛmbɛrʊs gigi]
tandenborstel (de)	berus gigi	[bɛrʊs gigi]

zich scheren (ww)	bercukur	[bɛrtʃʊkʊr]
scheercrème (de)	buih cukur	[bʊih tʃʊkʊr]
scheermes (het)	pisau cukur	[pisaʊ tʃʊkʊr]

wassen (ww)	mencuci	[mɛntʃʊtʃi]
een bad nemen	mandi	[mandi]
douche (de)	pancuran mandi	[pantʃʊran mandi]
een douche nemen	mandi di bawah	[mandi di bavah
	pancuran air	pantʃʊran air]

bad (het)	tab mandi	[tab mandi]
toiletpot (de)	mangkuk tandas	[maŋkʊk tandas]
wastafel (de)	sink cuci tangan	[siŋk tʃʊtʃi taŋan]

| zeep (de) | sabun | [sabʊn] |
| zeepbakje (het) | tempat sabun | [tɛmpat sabʊn] |

spons (de)	span	[span]
shampoo (de)	syampu	[ʃampʊ]
handdoek (de)	tuala	[tʊala]
badjas (de)	jubah mandi	[dʒʊbah mandi]

was (bijv. handwas)	pembasuhan	[pɛmbasʊhan]
wasmachine (de)	mesin pembasuh	[mesin pɛmbasʊh]
de was doen	membasuh	[mɛmbasʊh]
waspoeder (de)	serbuk pencuci	[serbʊk pɛntʃʊtʃi]

93. Huishoudelijke apparaten

televisie (de)	peti televisyen	[pɛti televiʃɛn]
cassettespeler (de)	perakam	[pɛrakam]
videorecorder (de)	perakam video	[pɛrakam video]
radio (de)	pesawat radio	[pɛsavat radio]
speler (de)	pemain	[pɛmaɪn]

videoprojector (de)	penayang video	[pɛnajaŋ video]
home theater systeem (het)	pawagam rumah	[pavagam rʊmah]
DVD-speler (de)	pemain DVD	[pɛmaɪn di vi di]
versterker (de)	penguat	[pɛŋwat]
spelconsole (de)	konsol permainan video	[konsol pɛrmaɪnan video]

videocamera (de)	kamera video	[kamera video]
fotocamera (de)	kamera foto	[kamera foto]
digitale camera (de)	kamera digital	[kamera digital]
stofzuiger (de)	pembersih vakum	[pɛmbɛrsih vakʊm]
strijkijzer (het)	seterika	[sɛtɛrika]

strijkplank (de)	papan seterika	[papan sɛtɛrika]
telefoon (de)	telefon	[telefon]
mobieltje (het)	telefon bimbit	[telefon bimbit]
schrijfmachine (de)	mesin taip	[mesin taɪp]
naaimachine (de)	mesin jahit	[mesin ʤahit]

microfoon (de)	mikrofon	[mikrofon]
koptelefoon (de)	pendengar telinga	[pɛndɛŋar tɛliŋa]
afstandsbediening (de)	alat kawalan jauh	[alat kavalan ʤaʊh]

CD (de)	cakera padat	[ʧakra padat]
cassette (de)	kaset	[kaset]
vinylplaat (de)	piring hitam	[piriŋ hitam]

94. Reparaties. Renovatie

renovatie (de)	pembaikan	[pɛmbaikan]
renoveren (ww)	membuat renovasi	[mɛmbʊat renovasi]
repareren (ww)	membaiki	[mɛmbaiki]
op orde brengen	membereskan	[mɛmbereskan]
overdoen (ww)	membuat semula	[mɛmbʊat sɛmʊla]

verf (de)	cat	[ʧat]
verven (muur ~)	mencat	[mɛnʧat]
schilder (de)	tukang cat	[tʊkaŋ ʧat]
kwast (de)	berus	[bɛrʊs]

| kalk (de) | cat kapur | [ʧat kapʊr] |
| kalken (ww) | mengapur | [mɛŋapʊr] |

behang (het)	kertas dinding	[kɛrtas dindiŋ]
behangen (ww)	menampal kertas dinding	[mɛnampal kɛrtas dindiŋ]
lak (de/het)	varnis	[varnis]
lakken (ww)	memvarnis	[memvarnis]

95. Loodgieterswerk

water (het)	air	[air]
warm water (het)	air panas	[air panas]
koud water (het)	air sejuk	[air sɛʤʊk]
kraan (de)	pili	[pili]

druppel (de)	titisan	[titisan]
druppelen (ww)	menitis	[mɛnitis]
lekken (een lek hebben)	bocor	[botʃor]
lekkage (de)	bocor	[botʃor]
plasje (het)	lopak	[lopak]

buis, leiding (de)	paip	[paɪp]
stopkraan (de)	injap	[inʤap]
verstopt raken (ww)	tersumbat	[tɛrsʊmbat]
gereedschap (het)	alat-alat	[alat alat]

Engelse sleutel (de)	perengkuh	[pɛrɛŋkʊh]
losschroeven (ww)	memutar-buka	[mɛmʊtar bʊka]
aanschroeven (ww)	mengetatkan	[mɛŋɛtatkan]

ontstoppen (riool, enz.)	membersihkan	[mɛmbɛrsihkan]
loodgieter (de)	tukang paip	[tʊkaŋ paɪp]
kelder (de)	tingkat bawah tanah	[tiŋkat bavah tanah]
riolering (de)	saluran pembetungan	[salʊran pɛmbetʊŋan]

96. Brand. Vuurzee

vuur (het)	api	[api]
vlam (de)	nyala	[ɲjala]
vonk (de)	bunga api	[bʊŋa api]
rook (de)	asap	[asap]
fakkel (de)	obor	[obor]
kampvuur (het)	unggun api	[ʊŋgʊn api]

benzine (de)	minyak	[miɲjak]
kerosine (de)	minyak tanah	[miɲjak tanah]
brandbaar (bn)	mudah terbakar	[mʊdah tɛrbakar]
ontplofbaar (bn)	mudah meletup	[mʊdah mɛlɛtʊp]
VERBODEN TE ROKEN!	DILARANG MEROKOK!	[dilaraŋ mɛrokok]

veiligheid (de)	keselamatan	[kɛsɛlamatan]
gevaar (het)	bahaya	[bahaja]
gevaarlijk (bn)	berbahaya	[bɛrbahaja]

in brand vliegen (ww)	mula bernyala	[mʊla bɛrɲjala]
explosie (de)	letupan	[lɛtʊpan]
in brand steken (ww)	membakar	[mɛmbakar]
brandstichter (de)	pelaku kebakaran	[pɛlakʊ kɛbakaran]
brandstichting (de)	pembakaran	[pɛmbakaran]

vlammen (ww)	bernyala	[bɛrɲjala]
branden (ww)	terbakar	[tɛrbakar]
afbranden (ww)	terbakar	[tɛrbakar]

de brandweer bellen	memanggil pasukan bomba	[mɛmaŋgil pasʊkan bomba]
brandweerman (de)	anggota bomba	[aŋgota bomba]
brandweerwagen (de)	kereta bomba	[kreta bomba]
brandweer (de)	pasukan bomba	[pasʊkan bomba]
uitschuifbare ladder (de)	tangga jenjang	[taŋga dʒɛndʒaŋ]

brandslang (de)	hos	[hos]
brandblusser (de)	pemadam api	[pɛmadam api]
helm (de)	topi besi	[topi bɛsi]
sirene (de)	siren	[sirɛn]

roepen (ww)	berteriak	[bɛrtɛriak]
hulp roepen	memanggil	[mɛmaŋgil]
redder (de)	penyelamat	[pɛɲjelamat]
redden (ww)	menyelamatkan	[mɛɲjelamatkan]
aankomen (per auto, enz.)	datang	[dataŋ]

blussen (ww)	memadamkan	[mɛmadamkan]
water (het)	air	[air]
zand (het)	pasir	[pasir]

ruïnes (mv.)	puing	[puiŋ]
instorten (gebouw, enz.)	runtuh	[runtʊh]
ineenstorten (ww)	jatuh	[dʒatʊh]
inzakken (ww)	roboh	[roboh]

| brokstuk (het) | serpihan | [sɛrpihan] |
| as (de) | abu | [abʊ] |

| verstikken (ww) | mati lemas | [mati lɛmas] |
| omkomen (ww) | terbunuh, mati | [tɛrbʊnʊh], [mati] |

MENSELIJKE ACTIVITEITEN

Baan. Business. Deel 1

97. Bankieren

bank (de)	bank	[baŋk]
bankfiliaal (het)	cawangan	[ʧavaŋan]
bankbediende (de)	perunding	[pɛrʊndiŋ]
manager (de)	pengurus	[pɛŋʊrʊs]
bankrekening (de)	akaun	[akaʊn]
rekeningnummer (het)	nombor akaun	[nombor akaʊn]
lopende rekening (de)	akaun semasa	[akaʊn sɛmasa]
spaarrekening (de)	akaun simpanan	[akaʊn simpanan]
een rekening openen	membuka akaun	[mɛmbʊka akaʊn]
de rekening sluiten	menutup akaun	[mɛnʊtʊp akaʊn]
op rekening storten	memasukkan wang ke dalam akaun	[mɛmasʊkkan vaŋ kɛ dalam akaʊn]
opnemen (ww)	mengeluarkan wang	[mɛŋɛlʊarkan vaŋ]
storting (de)	simpanan wang	[simpanan vaŋ]
een storting maken	memasukkan wang	[mɛmasʊkkan vaŋ]
overschrijving (de)	transfer	[transfer]
een overschrijving maken	mengirim duit	[mɛŋirim dʊit]
som (de)	jumlah	[dʒʊmlah]
Hoeveel?	Berapa?	[brapa]
handtekening (de)	tanda tangan	[tanda taŋan]
ondertekenen (ww)	menandatangani	[mɛnandataŋani]
kredietkaart (de)	kad kredit	[kad kredit]
code (de)	kod	[kod]
kredietkaartnummer (het)	nombor kad kredit	[nombor kad kredit]
geldautomaat (de)	ATM	[ɛɪ ti ɛm]
cheque (de)	cek	[ʧek]
een cheque uitschrijven	menulis cek	[mɛnʊlis ʧek]
chequeboekje (het)	buku cek	[bʊkʊ ʧek]
lening, krediet (de)	pinjaman	[pindʒaman]
een lening aanvragen	meminta pinjaman	[mɛminta pindʒaman]
een lening nemen	mengambil pinjaman	[mɛŋambil pindʒaman]
een lening verlenen	memberi pinjaman	[mɛmbri pindʒaman]
garantie (de)	jaminan	[dʒaminan]

98. Telefoon. Telefoongesprek

telefoon (de)	telefon	[telefon]
mobieltje (het)	telefon bimbit	[telefon bimbit]
antwoordapparaat (het)	mesin menjawab	[mesin mɛndʒavab
	panggilan telefon	paŋgilan telefon]

| bellen (ww) | menelefon | [mɛnelefon] |
| belletje (telefoontje) | panggilan telefon | [paŋgilan telefon] |

een nummer draaien	mendail nombor	[mɛndaɪl nombor]
Hallo!	Helo!	[helo]
vragen (ww)	menyoal	[mɛɲʲoal]
antwoorden (ww)	menjawab	[mɛndʒavab]

horen (ww)	mendengar	[mɛndɛŋar]
goed (bw)	baik	[baik]
slecht (bw)	buruk	[bʊrʊk]
storingen (mv.)	bising	[bisiŋ]

hoorn (de)	gagang	[gagaŋ]
opnemen (ww)	mengankat gagang	[mɛŋaŋkat gagaŋ
	telefon	telefon]
ophangen (ww)	meletakkan gagang telefon	[mɛlɛtakkan gagaŋ telefon]

bezet (bn)	sibuk	[sibʊk]
overgaan (ww)	berdering	[bɛrdɛriŋ]
telefoonboek (het)	buku panduan telefon	[bʊkʊ pandʊan telefon]

lokaal (bn)	tempatan	[tɛmpatan]
lokaal gesprek (het)	panggilan tempatan	[paŋgilan tɛmpatan]
interlokaal (bn)	antarabandar	[antarabandar]
interlokaal gesprek (het)	panggilan antarabandar	[paŋgilan antarabandar]
buitenlands (bn)	antarabangsa	[antarabaŋsa]

99. Mobiele telefoon

mobieltje (het)	telefon bimbit	[telefon bimbit]
scherm (het)	peranti paparan	[pɛranti paparan]
toets, knop (de)	tombol	[tombol]
simkaart (de)	Kad SIM	[kad sim]

batterij (de)	bateri	[batɛri]
leeg zijn (ww)	nyahcas	[ɲjahtʃas]
acculader (de)	pengecas	[pɛŋɛtʃas]

menu (het)	menu	[menʊ]
instellingen (mv.)	setting	[setiŋ]
melodie (beltoon)	melodi nada dering	[melodi nada dɛriŋ]
selecteren (ww)	memilih	[mɛmilih]
rekenmachine (de)	mesin hitung	[mesin hitʊŋ]
voicemail (de)	mesin menjawab	[mesin mɛndʒavab
	panggilan telefon	paŋgilan telefon]

wekker (de)	jam loceng	[dʒam lotʃeŋ]
contacten (mv.)	buku panduan telefon	[buku panduan telefon]
SMS-bericht (het)	SMS, khidmat pesanan ringkas	[ɛs ɛm ɛs], [hidmat pɛsanan riŋkas]
abonnee (de)	pelanggan	[pɛlaŋgan]

100. Schrijfbehoeften

balpen (de)	pena mata bulat	[pɛna mata bulat]
vulpen (de)	pena tinta	[pɛna tinta]
potlood (het)	pensel	[pensel]
marker (de)	pen penyerlah	[pen pɛɲerlah]
viltstift (de)	marker	[marker]
notitieboekje (het)	buku catatan	[buku tʃatatan]
agenda (boekje)	buku harian	[buku harian]
liniaal (de/het)	kayu pembaris	[kay pɛmbaris]
rekenmachine (de)	mesin hitung	[mesin hituŋ]
gom (de)	getah pemadam	[gɛtah pɛmadam]
punaise (de)	paku tekan	[paku tɛkan]
paperclip (de)	klip kertas	[klip kɛrtas]
lijm (de)	perekat	[pɛrɛkat]
nietmachine (de)	pengokot	[pɛŋokot]
perforator (de)	penebuk	[pɛnɛbuk]
potloodslijper (de)	pengasah pensel	[pɛŋasah pensel]

Baan. Business. Deel 2

101. Massamedia

krant (de)	akhbar	[ahbar]
tijdschrift (het)	majalah	[madʒalah]
pers (gedrukte media)	akhbar	[ahbar]
radio (de)	radio	[radio]
radiostation (het)	stesen radio	[stesen radio]
televisie (de)	televisyen	[televiʃɛn]
presentator (de)	juruacara	[dʒurʋatʃara]
nieuwslezer (de)	juruhebah	[dʒurʋhebah]
commentator (de)	pengulas	[pɛŋʋlas]
journalist (de)	wartawan	[vartavan]
correspondent (de)	pemberita	[pɛmbrita]
fotocorrespondent (de)	wartawan foto	[vartavan foto]
reporter (de)	pemberita	[pɛmbrita]
redacteur (de)	editor	[editor]
chef-redacteur (de)	ketua pengarang	[ketʋa pɛŋaraŋ]
zich abonneren op	berlangganan	[bɛrlaŋganan]
abonnement (het)	langganan	[laŋganan]
abonnee (de)	pelanggan	[pɛlaŋgan]
lezen (ww)	membaca	[mɛmbatʃa]
lezer (de)	pembaca	[pɛmbatʃa]
oplage (de)	edaran	[edaran]
maand-, maandelijks (bn)	bulanan	[bʋlanan]
wekelijks (bn)	mingguan	[miŋgʋan]
nummer (het)	keluaran	[kɛlʋaran]
vers (~ van de pers)	baru	[barʋ]
kop (de)	tajuk	[tadʒʋk]
korte artikel (het)	rencana kecil	[rɛntʃana kɛtʃil]
rubriek (de)	ruang	[rʋaŋ]
artikel (het)	rencana	[rɛntʃana]
pagina (de)	halaman	[halaman]
reportage (de)	ulasan selari	[ʋlasan sɛlari]
gebeurtenis (de)	peristiwa	[pɛristiva]
sensatie (de)	sensasi	[sensasi]
schandaal (het)	skandal	[skandal]
schandalig (bn)	penuh skandal	[pɛnʋh skandal]
groot (~ schandaal, enz.)	hebat	[hebat]
programma (het)	siaran	[siaran]
interview (het)	temu duga	[tɛmʋ dʋga]

| live uitzending (de) | siaran langsung | [siaran laŋsʊŋ] |
| kanaal (het) | saluran | [salʊran] |

102. Landbouw

landbouw (de)	pertanian	[pɛrtanian]
boer (de)	petani	[pɛtani]
boerin (de)	perempuan petani	[pɛrɛmpʊan pɛtani]
landbouwer (de)	peladang	[pɛladaŋ]

| tractor (de) | jentarik | [dʒɛntarik] |
| maaidorser (de) | penuai lengkap | [pɛnʊaɪ lɛŋkap] |

ploeg (de)	tenggala	[tɛŋgala]
ploegen (ww)	menenggala	[mɛnɛŋgala]
akkerland (het)	tanah tenggala	[tanah tɛŋgala]
voor (de)	alur	[alʊr]

zaaien (ww)	menyemai	[mɛɲemaɪ]
zaaimachine (de)	mesin penyemai	[mesin pɛɲemaɪ]
zaaien (het)	penyemaian	[pɛɲemajan]

| zeis (de) | sabit besar | [sabit bɛsar] |
| maaien (ww) | menyabit | [mɛɲabit] |

| schop (de) | penyodok | [pɛɲ'odok] |
| spitten (ww) | menggali | [mɛŋgali] |

schoffel (de)	cangkul	[tʃaŋkʊl]
wieden (ww)	menajak	[mɛnadʒak]
onkruid (het)	rumpai	[rʊmpaɪ]

gieter (de)	cerek penyiram	[tʃerek pɛɲ'iram]
begieten (water geven)	menyiram	[mɛɲ'iram]
bewatering (de)	penyiraman	[pɛɲ'iraman]

| riek, hooivork (de) | serampang peladang | [sɛrampaŋ pɛladaŋ] |
| hark (de) | pencakar | [pɛntʃakar] |

meststof (de)	baja	[badʒa]
bemesten (ww)	membaja	[mɛmbadʒa]
mest (de)	baja kandang	[badʒa kandaŋ]

veld (het)	ladang	[ladaŋ]
wei (de)	padang rumput	[padaŋ rʊmpʊt]
moestuin (de)	kebun sayur	[kɛbʊn sayr]
boomgaard (de)	dusun	[dʊsʊn]

weiden (ww)	menggembala	[mɛŋɛmbala]
herder (de)	penggembala	[pɛŋembala]
weiland (de)	padang rumput ternak	[padaŋ rʊmpʊt tɛrnak]
veehouderij (de)	penternakan	[pɛntɛrnakan]
schapenteelt (de)	penternakan kambing biri-biri	[pɛntɛrnakan kambiŋ biri biri]

plantage (de)	perladangan	[pɛrladaŋan]
rijtje (het)	batas	[batas]
broeikas (de)	rumah hijau	[rʊmah hidʒaʊ]

| droogte (de) | kemarau | [kɛmaraʊ] |
| droog (bn) | kontang | [kontaŋ] |

graan (het)	padi-padian	[padi padian]
graangewassen (mv.)	padi-padian	[padi padian]
oogsten (ww)	menuai	[mɛnʊaɪ]

molenaar (de)	pemilik kincir	[pɛmilik kintʃir]
molen (de)	kincir	[kintʃir]
malen (graan ~)	mengisar	[mɛŋisar]
bloem (bijv. tarwebloem)	tepung	[tɛpʊŋ]
stro (het)	jerami	[dʒɛrami]

103. Gebouw. Bouwproces

bouwplaats (de)	tapak pembinaan	[tapak pɛmbina:n]
bouwen (ww)	membina	[mɛmbina]
bouwvakker (de)	buruh binaan	[bʊrʊh bina:n]

project (het)	reka bentuk	[reka bɛntʊk]
architect (de)	jurubina	[dʒʊrʊbina]
arbeider (de)	buruh, pekerja	[bʊrʊh], [pɛkɛrdʒa]

fundering (de)	asas, dasar	[asas], [dasar]
dak (het)	bumbung	[bʊmbʊŋ]
heipaal (de)	cerucuk	[tʃɛrʊtʃʊk]
muur (de)	dinding	[dindiŋ]

| betonstaal (het) | bar penguat | [bar pɛŋwat] |
| steigers (mv.) | perancah | [pɛrantʃah] |

beton (het)	konkrit	[koŋkrit]
graniet (het)	granit	[granit]
steen (de)	batu	[batʊ]
baksteen (de)	batu bata	[batʊ bata]

zand (het)	pasir	[pasir]
cement (de/het)	simen	[simen]
pleister (het)	turap	[tʊrap]
pleisteren (ww)	menurap	[mɛnʊrap]
verf (de)	cat	[tʃat]
verven (muur ~)	mencat	[mɛntʃat]
ton (de)	tong	[toŋ]

kraan (de)	kran	[kran]
heffen, hijsen (ww)	menaikkan	[mɛnaikkan]
neerlaten (ww)	menurunkan	[mɛnʊrʊŋkan]

| bulldozer (de) | jentolak | [dʒɛntolak] |
| graafmachine (de) | jenkaut | [dʒɛŋkaʊt] |

graafbak (de)	**pencedok**	[pɛntʃedok]
graven (tunnel, enz.)	**menggali**	[mɛŋgali]
helm (de)	**topi besi**	[topi bɛsi]

Beroepen en ambachten

104. Zoeken naar werk. Ontslag

baan (de)	kerja, pekerjaan	[kɛrdʒa], [pɛkɛrdʒa:n]
werknemers (mv.)	kakitangan	[kakitaŋan]
carrière (de)	kerjaya	[kɛrdʒaja]
vooruitzichten (mv.)	perspektif	[pɛrspektif]
meesterschap (het)	kemahiran	[kɛmahiran]
keuze (de)	pilihan	[pilihan]
uitzendbureau (het)	agensi pekerjaan	[agensi pɛkɛrdʒa:n]
CV, curriculum vitae (het)	biodata	[biodata]
sollicitatiegesprek (het)	temuduga	[tɛmʊdʊga]
vacature (de)	lowongan	[lovoŋan]
salaris (het)	gaji, upah	[gadʒi], [ʊpah]
vaste salaris (het)	gaji	[gadʒi]
loon (het)	pembayaran	[pɛmbajaran]
betrekking (de)	jawatan	[dʒavatan]
taak, plicht (de)	tugas	[tʊgas]
takenpakket (het)	bidang tugas	[bidaŋ tʊgas]
bezig (~ zijn)	sibuk	[sibʊk]
ontslagen (ww)	memecat	[mɛmɛtʃat]
ontslag (het)	pemecatan	[pɛmɛtʃatan]
werkloosheid (de)	pengangguran	[pɛŋaŋgʊran]
werkloze (de)	pengganggur	[pɛŋgaŋgʊr]
pensioen (het)	pencen	[pentʃen]
met pensioen gaan	bersara	[bɛrsara]

105. Zakenmensen

directeur (de)	pengarah	[pɛŋarah]
beheerder (de)	pengurus	[pɛŋʊrʊs]
hoofd (het)	bos	[bos]
baas (de)	kepala	[kɛpala]
superieuren (mv.)	pihak atasan	[pihak atasan]
president (de)	presiden	[presiden]
voorzitter (de)	pengerusi	[pɛŋɛrʊsi]
adjunct (de)	timbalan	[timbalan]
assistent (de)	pembantu	[pɛmbantʊ]
secretaris (de)	setiausaha	[sɛtiausaha]

persoonlijke assistent (de)	setiausaha sulit	[sɛtiaʊsaha sʊlit]
zakenman (de)	peniaga	[pɛniaga]
ondernemer (de)	pengusaha	[pɛŋʊsaha]
oprichter (de)	pengasas	[pɛŋasas]
oprichten	mengasaskan	[mɛŋasaskan]
(een nieuw bedrijf ~)		

stichter (de)	pengasas	[pɛŋasas]
partner (de)	rakan	[rakan]
aandeelhouder (de)	pemegang saham	[pɛmɛgaŋ saham]

miljonair (de)	jutawan	[dʒʊtavan]
miljardair (de)	multijutawan	[mʊltidʒʊtavan]
eigenaar (de)	pemilik	[pɛmilik]
landeigenaar (de)	tuan tanah	[tʊan tanah]

klant (de)	pelanggan	[pɛlaŋgan]
vaste klant (de)	pelanggan tetap	[pɛlaŋgan tetap]
koper (de)	pembeli	[pɛmbli]
bezoeker (de)	pelawat	[pɛlavat]

professioneel (de)	profesional	[profesional]
expert (de)	pakar	[pakar]
specialist (de)	pakar	[pakar]

| bankier (de) | pengurus bank | [pɛŋʊrʊs baŋk] |
| makelaar (de) | broker | [brokɛr] |

kassier (de)	juruwang, kasyier	[dʒʊrʊvaŋ], [kaʃier]
boekhouder (de)	akauntan	[akaʊntan]
bewaker (de)	pengawal keselamatan	[pɛŋaval kɛsɛlamatan]

investeerder (de)	pelabur	[pɛlabʊr]
schuldenaar (de)	si berhutang	[si bɛrhʊtaŋ]
crediteur (de)	pemberi pinjaman	[pɛmbri pindʒaman]
lener (de)	peminjam	[pɛmindʒam]

| importeur (de) | pengimport | [pɛŋimport] |
| exporteur (de) | pengeksport | [pɛŋeksport] |

producent (de)	pembuat	[pɛmbʊat]
distributeur (de)	pengedar	[pɛŋedar]
bemiddelaar (de)	perantara	[pɛrantara]

adviseur, consulent (de)	perunding	[pɛrʊndiŋ]
vertegenwoordiger (de)	wakil	[vakil]
agent (de)	ejen	[edʒen]
verzekeringsagent (de)	ejen insurans	[edʒen insʊrans]

106. Dienstverlenende beroepen

kok (de)	tukang masak	[tʊkaŋ masak]
chef-kok (de)	kepala tukang masak	[kɛpala tʊkaŋ masak]
bakker (de)	pembakar roti	[pɛmbakar roti]

barman (de)	pelayan bar	[pɛlajan bar]
kelner, ober (de)	pelayan lelaki	[pɛlajan lɛlaki]
serveerster (de)	pelayan perempuan	[pɛlajan pɛrɛmpʊan]

advocaat (de)	peguam	[pɛgʊam]
jurist (de)	peguam	[pɛgʊam]
notaris (de)	notari awam	[notari avam]

elektricien (de)	juruelektrik	[dʒʊrʊelektrik]
loodgieter (de)	tukang paip	[tʊkaŋ paɪp]
timmerman (de)	tukang kayu	[tʊkaŋ kay]

masseur (de)	tukang urut lelaki	[tʊkaŋ ʊrʊt lɛlaki]
masseuse (de)	tukang urut perempuan	[tʊkaŋ ʊrʊt pɛrɛmpʊan]
dokter, arts (de)	doktor	[doktor]

taxichauffeur (de)	pemandu teksi	[pɛmandʊ teksi]
chauffeur (de)	pemandu	[pɛmandʊ]
koerier (de)	kurier	[kʊrir]

kamermeisje (het)	pengemas rumah	[pɛŋɛmas rʊmah]
bewaker (de)	pengawal keselamatan	[pɛŋaval kɛsɛlamatan]
stewardess (de)	pramugari	[pramʊgari]

meester (de)	guru	[gʊrʊ]
bibliothecaris (de)	pustakawan	[pʊstakavan]
vertaler (de)	penterjemah	[pɛntɛrdʒɛmah]
tolk (de)	penterjemah	[pɛntɛrdʒɛmah]
gids (de)	pemandu	[pɛmandʊ]

kapper (de)	tukang gunting rambut	[tʊkaŋ gʊntiŋ rambʊt]
postbode (de)	posmen	[posmen]
verkoper (de)	jurujual	[dʒʊrʊdʒʊal]

tuinman (de)	tukang kebun	[tʊkaŋ kɛbʊn]
huisbediende (de)	pembantu rumah	[pɛmbantʊ rʊmah]
dienstmeisje (het)	amah	[amah]
schoonmaakster (de)	pembersih	[pɛmbɛrsih]

107. Militaire beroepen en rangen

soldaat (rang)	prebet	[prebet]
sergeant (de)	sarjan	[sardʒan]
luitenant (de)	leftenan	[leftɛnan]
kapitein (de)	kapten	[kaptɛn]

majoor (de)	mejar	[medʒar]
kolonel (de)	kolonel	[kolonɛl]
generaal (de)	jeneral	[dʒɛnɛral]
maarschalk (de)	marsyal	[marʃal]
admiraal (de)	laksamana	[laksamana]

| militair (de) | anggota tentera | [aŋgota tɛntra] |
| soldaat (de) | perajurit | [pradʒurit] |

| officier (de) | pegawai | [pɛgavaɪ] |
| commandant (de) | pemerintah | [pɛmɛrintah] |

grenswachter (de)	pengawal sempadan	[pɛŋaval sɛmpadan]
marconist (de)	pengendali radio	[pɛŋɛndali radio]
verkenner (de)	pengintip	[pɛŋintip]
sappeur (de)	askar jurutera	[askar dʒʊrʊtra]
schutter (de)	penembak	[pɛnembak]
stuurman (de)	pemandu	[pɛmandʊ]

108. Ambtenaren. Priesters

| koning (de) | raja | [radʒa] |
| koningin (de) | ratu | [ratʊ] |

| prins (de) | putera | [pʊtra] |
| prinses (de) | puteri | [pʊtri] |

| tsaar (de) | tsar, raja | [tsar], [radʒa] |
| tsarina (de) | tsarina, ratu | [tsarina], [ratʊ] |

president (de)	presiden	[presiden]
minister (de)	menteri	[mɛntri]
eerste minister (de)	perdana menteri	[perdana mɛntri]
senator (de)	senator	[senator]

diplomaat (de)	diplomat	[diplomat]
consul (de)	konsul	[konsʊl]
ambassadeur (de)	duta besar	[dʊta bɛsar]
adviseur (de)	penasihat	[pɛnasihat]

ambtenaar (de)	kakitangan	[kakitaŋan]
prefect (de)	ketua prefekture	[kɛtʊa prefektʊrɛ]
burgemeester (de)	datuk bandar	[datʊk bandar]

| rechter (de) | hakim | [hakim] |
| aanklager (de) | jaksa | [dʒaksa] |

missionaris (de)	mubaligh	[mʊbalih]
monnik (de)	biarawan	[biaravan]
abt (de)	kepala biara	[kɛpala biara]
rabbi, rabbijn (de)	rabbi	[rabbi]

vizier (de)	wazir	[vazir]
sjah (de)	syah	[ʃah]
sjeik (de)	syeikh	[ʃəɪh]

109. Agrarische beroepen

imker (de)	pemelihara lebah	[pɛmɛlihara lɛbah]
herder (de)	penggembala	[pɛŋgɛmbala]
landbouwkundige (de)	ahli agronomi	[ahli agronomi]

| veehouder (de) | penternak | [pɛntɛrnak] |
| dierenarts (de) | pakar veterinar | [pakar vetɛrinar] |

landbouwer (de)	peladang	[pɛladaŋ]
wijnmaker (de)	pembuat wain	[pɛmbʊat vaɪn]
zoöloog (de)	ahli zoologi	[ahli zo:logi]
cowboy (de)	koboi	[kobʊɪ]

110. Kunst beroepen

| acteur (de) | pelakon | [pɛlakon] |
| actrice (de) | aktres | [aktres] |

| zanger (de) | penyanyi lelaki | [pɛɲaɲᵘi lɛlaki] |
| zangeres (de) | penyanyi perempuan | [pɛɲaɲᵘi pɛrɛmpʊan] |

| danser (de) | penari lelaki | [pɛnari lɛlaki] |
| danseres (de) | penari perempuan | [pɛnari pɛrɛmpʊan] |

| artiest (mann.) | artis | [artis] |
| artiest (vrouw.) | aktres | [aktres] |

muzikant (de)	pemuzik	[pɛmʊzik]
pianist (de)	pemain piano	[pɛmaɪn piano]
gitarist (de)	pemain gitar	[pɛmaɪn gitar]

orkestdirigent (de)	konduktor	[kondʊktor]
componist (de)	komposer	[kompɔsɛr]
impresario (de)	impresario	[impresario]

filmregisseur (de)	pengarah	[pɛŋarah]
filmproducent (de)	produser	[prodʊsɛr]
scenarioschrijver (de)	penulis skrip	[pɛnʊlis skrip]
criticus (de)	pengkritik	[pɛŋkritik]

schrijver (de)	penulis	[pɛnʊlis]
dichter (de)	penyair	[pɛɲair]
beeldhouwer (de)	pematung	[pɛmatʊŋ]
kunstenaar (de)	pelukis	[pɛlʊkis]

jongleur (de)	penjugel	[pɛndʒʊgɛl]
clown (de)	badut	[badʊt]
acrobaat (de)	akrobat	[akrobat]
goochelaar (de)	ahli silap mata	[ahli silap mata]

111. Verschillende beroepen

dokter, arts (de)	doktor	[doktor]
ziekenzuster (de)	jururawat	[dʒurʊravat]
psychiater (de)	doktor penyakit jiwa	[doktor pɛɲakit dʒiva]
tandarts (de)	doktor gigi	[doktor gigi]
chirurg (de)	doktor bedah	[doktor bɛdah]

astronaut (de)	angkasawan	[aŋkasavan]
astronoom (de)	ahli astronomi	[ahli astronomi]
piloot (de)	juruterbang	[dʒurʊtɛrbaŋ]
chauffeur (de)	pemandu	[pɛmandʊ]
machinist (de)	pemandu kereta api	[pɛmandʊ kreta api]
mecanicien (de)	mekanik	[mekanik]
mijnwerker (de)	buruh lombong	[bʊrʊh lomboŋ]
arbeider (de)	buruh, pekerja	[bʊrʊh], [pɛkɛrdʒa]
bankwerker (de)	tukang logam	[tʊkaŋ logam]
houtbewerker (de)	tukang tanggam	[tʊkaŋ taŋgam]
draaier (de)	tukang pelarik	[tʊkaŋ pɛlarik]
bouwvakker (de)	buruh binaan	[bʊrʊh bina:n]
lasser (de)	jurukimpal	[dʒurʊkimpal]
professor (de)	profesor	[profesor]
architect (de)	jurubina	[dʒurʊbina]
historicus (de)	sejarawan	[sɛdʒaravan]
wetenschapper (de)	ilmuwan	[ilmʊvan]
fysicus (de)	ahli fizik	[ahli fizik]
scheikundige (de)	ahli kimia	[ahli kimia]
archeoloog (de)	ahli arkeologi	[ahli arkeologi]
geoloog (de)	ahli geologi	[ahli geologi]
onderzoeker (de)	penyelidik	[pɛɲjelidik]
babysitter (de)	pengasuh kanak-kanak	[pɛŋasʊh kanak kanak]
leraar, pedagoog (de)	guru	[gʊrʊ]
redacteur (de)	editor	[editor]
chef-redacteur (de)	ketua pengarang	[kɛtʊa pɛŋaraŋ]
correspondent (de)	pemberita	[pɛmbrita]
typiste (de)	jurutaip	[dʒurʊtaɪp]
designer (de)	pereka bentuk	[pereka bɛntʊk]
computerexpert (de)	tukang komputer	[tʊkaŋ kompʊtɛr]
programmeur (de)	juruprogram	[dʒurʊprogram]
ingenieur (de)	jurutera	[dʒurʊtra]
matroos (de)	pelaut	[pɛlaʊt]
zeeman (de)	kelasi	[kɛlasi]
redder (de)	penyelamat	[pɛɲjelamat]
brandweerman (de)	anggota bomba	[aŋgota bomba]
politieagent (de)	anggota polis	[aŋgota polis]
nachtwaker (de)	warden	[vardɛn]
detective (de)	mata-mata	[mata mata]
douanier (de)	anggota kastam	[aŋgota kastam]
lijfwacht (de)	pengawal peribadi	[pɛŋaval pribadi]
gevangenisbewaker (de)	warden penjara	[vardɛn pɛndʒara]
inspecteur (de)	inspektor	[inspektor]
sportman (de)	atlet, ahli sukan	[atlet], [ahli sʊkan]
trainer (de)	pelatih	[pɛlatih]

slager, beenhouwer (de)	**tukang daging**	[tʊkaŋ dagiŋ]
schoenlapper (de)	**tukang kasut**	[tʊkaŋ kasʊt]
handelaar (de)	**pedagang**	[pɛdagaŋ]
lader (de)	**pemuat**	[pɛmʊat]

kledingstilist (de)	**pereka fesyen**	[pɛreka feʃɛn]
model (het)	**peragawati**	[pragavati]

112. Beroepen. Sociale status

scholier (de)	**budak sekolah**	[bʊdak sɛkolah]
student (de)	**mahasiswa**	[mahasisva]

filosoof (de)	**ahli falsafah**	[ahli falsafah]
econoom (de)	**ahli ekonomi**	[ahli ekonomi]
uitvinder (de)	**penemu**	[pɛnɛmʊ]

werkloze (de)	**pengganggur**	[pɛŋgaŋgʊr]
gepensioneerde (de)	**pesara**	[pɛsara]
spion (de)	**pengintip**	[pɛŋintip]

gedetineerde (de)	**tahanan**	[tahanan]
staker (de)	**pemogok**	[pɛmogok]
bureaucraat (de)	**birokrat**	[birokrat]
reiziger (de)	**pengembara**	[pɛŋɛmbara]

homoseksueel (de)	**homoseksual**	[homoseksʊal]
hacker (computerkraker)	**penggodam**	[pɛŋgodam]
hippie (de)	**hipi**	[hipi]

bandiet (de)	**samseng**	[samsɛŋ]
huurmoordenaar (de)	**pembunuh upahan**	[pɛmbʊnʊh ʊpahan]
drugsverslaafde (de)	**penagih dadah**	[pɛnagih dadah]
drugshandelaar (de)	**pengedar dadah**	[pɛŋedar dadah]
prostituee (de)	**pelacur**	[pɛlatʃʊr]
pooier (de)	**bapa ayam**	[bapa ajam]

tovenaar (de)	**ahli sihir lelaki**	[ahli sihir lɛlaki]
tovenares (de)	**ahli sihir perempuan**	[ahli sihir pɛrɛmpʊan]
piraat (de)	**lanun**	[lanʊn]
slaaf (de)	**hamba**	[hamba]
samoerai (de)	**samurai**	[samʊraɪ]
wilde (de)	**orang yang tidak bertamadun**	[oraŋ jaŋ tidak bɛrtamadʊn]

Sport

113. Soorten sporten. Sporters

sportman (de)	atlet, ahli sukan	[atlet], [ahli sʊkan]
soort sport (de/het)	jenis sukan	[dʒɛnis sʊkan]
basketbal (het)	bola keranjang	[bola krandʒaŋ]
basketbalspeler (de)	pemain bola keranjang	[pɛmaɪn bola krandʒaŋ]
baseball (het)	besbol	[besbol]
baseballspeler (de)	pemain besbol	[pɛmaɪn besbol]
voetbal (het)	bola sepak	[bola sɛpak]
voetballer (de)	pemain bola sepak	[pɛmaɪn bola sepak]
doelman (de)	penjaga gol	[pɛndʒaga gol]
hockey (het)	hoki	[hoki]
hockeyspeler (de)	pemain hoki	[pɛmaɪn hoki]
volleybal (het)	bola tampar	[bola tampar]
volleybalspeler (de)	pemain bola tampar	[pɛmaɪn bola tampar]
boksen (het)	tinju	[tindʒʊ]
bokser (de)	petinju	[pɛtindʒʊ]
worstelen (het)	gusti	[gʊsti]
worstelaar (de)	ahli gusti	[ahli gʊsti]
karate (de)	karate	[karate]
karateka (de)	atlet karate	[atlet karate]
judo (de)	judo	[dʒʊdo]
judoka (de)	atlet judo	[atlet dʒʊdo]
tennis (het)	tenis	[tenis]
tennisspeler (de)	petenis	[pɛtenis]
zwemmen (het)	berenang	[bɛrɛnaŋ]
zwemmer (de)	perenang	[pɛrɛnaŋ]
schermen (het)	bermain pedang	[bɛrmaɪn pɛdaŋ]
schermer (de)	pemain pedang	[pɛmaɪn pɛdaŋ]
schaak (het)	catur	[tʃatʊr]
schaker (de)	pemain catur	[pɛmaɪn tʃatʊr]
alpinisme (het)	mendaki gunung	[mɛndaki gʊnʊŋ]
alpinist (de)	pendaki gunung	[pɛndaki gʊnʊŋ]
hardlopen (het)	lari	[lari]

renner (de)	pelari	[pɛlari]
atletiek (de)	atletik	[atletik]
atleet (de)	ahli sukan	[ahli sʊkan]
paardensport (de)	sukan ekuestrian	[sʊkan ekʊestrian]
ruiter (de)	ekuin	[ekʊin]
kunstschaatsen (het)	luncur ais berbunga	[lʊntʃʊr aɪs bɛrbʊŋa]
kunstschaatser (de)	peluncur ais berbunga lelaki	[pɛlʊntʃʊr aɪs bɛrbʊŋa lɛlaki]
kunstschaatsster (de)	peluncur ais berbunga perempuan	[pɛlʊntʃʊr aɪs bɛrbʊŋa pɛrɛmpʊan]
gewichtheffen (het)	angkat berat	[aŋkat brat]
gewichtheffer (de)	atlet angkat berat	[atlet aŋkat brat]
autoraces (mv.)	lumba kereta	[lʊmba kreta]
coureur (de)	pelumba	[pɛlʊmba]
wielersport (de)	sukan berbasikal	[sʊkan bɛrbasikal]
wielrenner (de)	penunggang basikal	[pɛnʊŋgaŋ basikal]
verspringen (het)	lompat jauh	[lompat dʒaʊh]
polsstokspringen (het)	lompat galah	[lompat galah]
verspringer (de)	pelompat	[pɛlompat]

114. Soorten sporten. Diversen

Amerikaans voetbal (het)	bola sepak Amerika	[bola sɛpak amerika]
badminton (het)	bulu tangkis	[bʊlʊ taŋkis]
biatlon (de)	biathlon	[biatlon]
biljart (het)	biliard	[biliard]
bobsleeën (het)	bobsled	[bobsled]
bodybuilding (de)	bina badan	[bina badan]
waterpolo (het)	polo air	[polo air]
handbal (de)	bola baling	[bola baliŋ]
golf (het)	golf	[golf]
roeisport (de)	mendayung	[mɛndayŋ]
duiken (het)	selam skuba	[sɛlam skʊba]
langlaufen (het)	lumba ski rentas desa	[lʊmba ski rɛntas desa]
tafeltennis (het)	tenis meja	[tenis mɛdʒa]
zeilen (het)	sukan berlayar	[sʊkan bɛrlajar]
rally (de)	rali	[rali]
rugby (het)	ragbi	[ragbi]
snowboarden (het)	meluncur papan salji	[mɛlʊntʃʊr papan saldʒi]
boogschieten (het)	memanah	[mɛmanah]

115. Fitnessruimte

lange halter (de)	berat	[brat]
halters (mv.)	dumbel	[dʊmbel]

training machine (de)	alatan senaman	[alatan sɛnaman]
hometrainer (de)	basikal statik	[basikal statik]
loopband (de)	lorong lari	[loroŋ lari]

rekstok (de)	palang lintang	[palaŋ lintaŋ]
brug (de) gelijke leggers	palang selari	[palaŋ sɛlari]
paardsprong (de)	kekuda	[kɛkʊda]
mat (de)	tikar	[tikar]

springtouw (het)	tali skip	[tali skip]
aerobics (de)	senamrobik	[ɛenamrobik]
yoga (de)	yoga	[ɪoga]

116. Sporten. Diversen

Olympische Spelen (mv.)	Sukan Olimpik	[sʊkan olimpik]
winnaar (de)	pemenang	[pɛmɛnaŋ]
overwinnen (ww)	memenangi	[mɛmɛnaŋi]
winnen (ww)	menang	[mɛnaŋ]

| leider (de) | pemimpin | [pɛmimpin] |
| leiden (ww) | memimpin | [mɛmimpin] |

eerste plaats (de)	tempat pertama	[tɛmpat pɛrtama]
tweede plaats (de)	tempat kedua	[tɛmpat kɛdʊa]
derde plaats (de)	tempat ketiga	[tɛmpat kɛtiga]

medaille (de)	pingat	[piŋat]
trofee (de)	trofi	[trofi]
beker (de)	piala	[piala]
prijs (de)	hadiah	[hadiah]
hoofdprijs (de)	hadiah utama	[hadiah ʊtama]

| record (het) | rekod | [rekod] |
| een record breken | menciptakan rekod | [mɛnt ʃiptakan rekod] |

| finale (de) | perlawanan akhir | [pɛrlavanan akhir] |
| finale (bn) | akhir | [akhir] |

| kampioen (de) | johan | [dʒohan] |
| kampioenschap (het) | kejohanan | [kɛdʒohanan] |

stadion (het)	stadium	[stadiʊm]
tribune (de)	blok tempat duduk	[blok tɛmpat dʊdʊk]
fan, supporter (de)	peminat	[pɛminat]
tegenstander (de)	lawan	[lavan]

| start (de) | garis mula | [garis mʊla] |
| finish (de) | garis penamat | [garis pɛnamat] |

nederlaag (de)	kekalahan	[kɛkalahan]
verliezen (ww)	kalah	[kalah]
rechter (de)	hakim	[hakim]
jury (de)	jemaah pengadil	[dʒɛma:h pɛŋadil]

stand (~ is 3-1)	kedudukan	[kɛdʊdʊkan]
gelijkspel (het)	seri	[sɛri]
in gelijk spel eindigen	main seri	[maɪn sɛri]
punt (het)	mata	[mata]
uitslag (de)	hasil	[hasil]

| periode (de) | separuh masa | [sɛparʊh masa] |
| pauze (de) | masa rehat | [masa rehat] |

doping (de)	doping	[dopiŋ]
straffen (ww)	memberi penalti	[mɛmbri penalti]
diskwalificeren (ww)	menyingkirkan	[mɛɲⁱiŋkirkan]

toestel (het)	perkakas	[pɛrkakas]
speer (de)	lembing	[lɛmbiŋ]
kogel (de)	peluru	[pɛlʊrʊ]
bal (de)	bola	[bola]

doel (het)	sasaran	[sasaran]
schietkaart (de)	sasaran	[sasaran]
schieten (ww)	menembak	[mɛnembak]
precies (bijv. precieze schot)	tepat	[tɛpat]

trainer, coach (de)	pelatih	[pɛlatih]
trainen (ww)	melatih	[mɛlatih]
zich trainen (ww)	berlatih	[bɛrlatih]
training (de)	latihan	[latihan]

gymnastiekzaal (de)	gimnazium	[gimnaziʊm]
oefening (de)	latihan	[latihan]
opwarming (de)	senaman pemanas badan	[sɛnaman pɛmanas badan]

Onderwijs

117. School

school (de)	**sekolah**	[sɛkolah]
schooldirecteur (de)	**pengetua sekolah**	[pɛɲetʊa sɛkolah]
leerling (de)	**pelajar lelaki**	[pɛladʒar lɛlaki]
leerlinge (de)	**pelajar perempuan**	[pɛladʒar pɛrɛmpʊan]
scholier (de)	**budak sekolah**	[bʊdak sɛkolah]
scholiere (de)	**budak perempuan sekolah**	[bʊdak pɛrɛmpʊan sɛkolah]
leren (lesgeven)	**mengajar**	[mɛŋadʒar]
studeren (bijv. een taal ~)	**belajar**	[bɛladʒar]
van buiten leren	**menghafalkan**	[mɛŋhafalkan]
leren (bijv. ~ tellen)	**belajar**	[bɛladʒar]
in school zijn	**bersekolah**	[bɛrsɛkolah]
(schooljongen zijn)		
naar school gaan	**pergi sekolah**	[pɛrgi sɛkolah]
alfabet (het)	**abjad**	[abdʒad]
vak (schoolvak)	**mata pelajaran**	[mata pɛladʒaran]
klaslokaal (het)	**bilik darjah**	[bilik dardʒah]
les (de)	**kelas**	[klas]
pauze (de)	**rehat**	[rehat]
bel (de)	**loceng**	[lotʃeŋ]
schooltafel (de)	**bangku sekolah**	[baŋkʊ sɛkolah]
schoolbord (het)	**papan hitam**	[papan hitam]
cijfer (het)	**markah**	[markah]
goed cijfer (het)	**markah baik**	[markah baik]
slecht cijfer (het)	**markah tidak lulus**	[markah tidak lʊlʊs]
een cijfer geven	**memberi markah**	[mɛmbri markah]
fout (de)	**kesalahan**	[kɛsalahan]
fouten maken	**membuat kesalahan**	[mɛmbʊat kɛsalahan]
corrigeren (fouten ~)	**memperbaiki**	[mɛmpɛrbaiki]
spiekbriefje (het)	**toyol**	[toɪol]
huiswerk (het)	**tugasan rumah**	[tʊgasan rʊmah]
oefening (de)	**latihan**	[latihan]
aanwezig zijn (ww)	**hadir**	[hadir]
absent zijn (ww)	**tidak hadir**	[tidak hadir]
school verzuimen	**ponteng**	[pontɛŋ]
bestraffen (een stout kind ~)	**menghukum**	[mɛŋhʊkʊm]
bestraffing (de)	**hukuman**	[hʊkʊman]

gedrag (het)	tingkah laku	[tiŋkah lakʊ]
cijferlijst (de)	buku laporan	[bʊkʊ laporan]
potlood (het)	pensel	[pensel]
gom (de)	getah pemadam	[gɛtah pɛmadam]
krijt (het)	kapur	[kapʊr]
pennendoos (de)	kotak pensel	[kotak pensel]
boekentas (de)	beg sekolah	[beg sɛkolah]
pen (de)	pen	[pen]
schrift (de)	buku latihan	[bʊkʊ latihan]
leerboek (het)	buku teks	[bʊkʊ teks]
passer (de)	jangka lukis	[dʒaŋka lʊkis]
technisch tekenen (ww)	melukis	[mɛlʊkis]
technische tekening (de)	rajah	[radʒah]
gedicht (het)	puisi, sajak	[pʊisi], [sadʒak]
van buiten (bw)	hafal	[hafal]
van buiten leren	menghafalkan	[mɛŋhafalkan]
vakantie (de)	cuti	[ʧʊti]
met vakantie zijn	bercuti	[bɛrʧʊti]
vakantie doorbrengen	menghabiskan cuti	[mɛŋhabiskan ʧʊti]
toets (schriftelijke ~)	tes	[tes]
opstel (het)	karangan	[karaŋan]
dictee (het)	imla	[imla]
examen (het)	peperiksaan	[pɛpɛriksa:n]
examen afleggen	menduduki peperiksaan	[mɛndʊdʊki pɛpɛriksa:n]
experiment (het)	uji cuba	[ʊdʒi ʧʊba]

118. Hogeschool. Universiteit

academie (de)	akademi	[akadɛmi]
universiteit (de)	universiti	[ʊnivɛrsiti]
faculteit (de)	fakulti	[fakʊlti]
student (de)	mahasiswa	[mahasisva]
studente (de)	mahasiswi	[mahasisvi]
leraar (de)	pensyarah	[pɛnɕarah]
collegezaal (de)	ruang darjah	[rʊaŋ dardʒah]
afgestudeerde (de)	tamatan	[tamatan]
diploma (het)	ijazah	[idʒazah]
dissertatie (de)	tesis	[tesis]
onderzoek (het)	kajian	[kadʒian]
laboratorium (het)	makmal	[makmal]
college (het)	syarahan, kuliah	[ɕarahan], [kʊlijah]
medestudent (de)	teman sedarjah	[tɛman sɛdardʒah]
studiebeurs (de)	biasiswa	[biasisva]
academische graad (de)	ijazah	[idʒazah]

119. Wetenschappen. Disciplines

wiskunde (de)	matematik	[matɛmatik]
algebra (de)	algebra	[algebra]
meetkunde (de)	geometri	[geometri]
astronomie (de)	astronomi	[astronomi]
biologie (de)	biologi	[biologi]
geografie (de)	geografi	[geografi]
geologie (de)	geologi	[geologi]
geschiedenis (de)	sejarah	[sɛdʒarah]
geneeskunde (de)	perubatan	[pɛrʊbatan]
pedagogiek (de)	pedagogi	[pedagogi]
rechten (mv.)	hukum	[hʊkʊm]
fysica, natuurkunde (de)	fizik	[fizik]
scheikunde (de)	kimia	[kimia]
filosofie (de)	falsafah	[falsafah]
psychologie (de)	psikologi	[psikologi]

120. Schrift. Spelling

grammatica (de)	nahu	[nahʊ]
vocabulaire (het)	kosa kata	[kosa kata]
fonetiek (de)	fonetik	[fonetik]
zelfstandig naamwoord (het)	kata nama	[kata nama]
bijvoeglijk naamwoord (het)	kata sifat	[kata sifat]
werkwoord (het)	kata kerja	[kata kɛrdʒa]
bijwoord (het)	adverba	[advɛrba]
voornaamwoord (het)	ganti nama	[ganti nama]
tussenwerpsel (het)	kata seru	[kata sɛrʊ]
voorzetsel (het)	kata depan	[kata dɛpan]
stam (de)	kata akar	[kata akar]
achtervoegsel (het)	akhiran	[akhiran]
voorvoegsel (het)	awalan	[awalan]
lettergreep (de)	sukukata	[sʊkʊkata]
achtervoegsel (het)	akhiran	[akhiran]
nadruk (de)	tanda tekanan	[tanda tɛkanan]
afkappingsteken (het)	koma atas	[koma atas]
punt (de)	titik	[titik]
komma (de/het)	koma	[koma]
puntkomma (de)	koma bertitik	[koma bɛrtitik]
dubbelpunt (de)	tanda titik bertindih	[tanda titik bɛrtindih]
beletselteken (het)	tanda elipsis	[tanda elipsis]
vraagteken (het)	tanda tanya	[tanda taɲa]
uitroepteken (het)	tanda seru	[tanda sɛrʊ]

aanhalingstekens (mv.)	tanda petik	[tanda pɛtik]
tussen aanhalingstekens (bw)	dalam tanda petik	[dalam tanda pɛtik]
haakjes (mv.)	tanda kurung	[tanda kʊrʊŋ]
tussen haakjes (bw)	dalam kurungan	[dalam kʊrʊŋan]

streepje (het)	tanda pisah	[tanda pisah]
gedachtestreepje (het)	tanda sempang	[tanda sɛmpaŋ]
spatie	jarak	[dʒarak]
(~ tussen twee woorden)		

| letter (de) | huruf | [hʊrʊf] |
| hoofdletter (de) | huruf besar | [hʊrʊf bɛsar] |

| klinker (de) | huruf hidup | [hʊrʊf hidʊp] |
| medeklinker (de) | konsonan | [konsonan] |

zin (de)	ayat, kalimat	[ajat], [kalimat]
onderwerp (het)	subjek	[sʊbdʒek]
gezegde (het)	predikat	[predikat]

regel (in een tekst)	baris	[baris]
op een nieuwe regel (bw)	di baris baru	[di baris barʊ]
alinea (de)	perenggan	[pɛrɛŋgan]

woord (het)	perkataan	[pɛrkata:n]
woordgroep (de)	rangkaian kata	[raŋkaɪan kata]
uitdrukking (de)	ungkapan	[ʊŋkapan]
synoniem (het)	kata seerti	[kata sɛ:rti]
antoniem (het)	antonim	[antonim]

regel (de)	peraturan	[pɛratʊran]
uitzondering (de)	pengecualian	[pɛŋɛtʃʊalian]
correct (bijv. ~e spelling)	betul	[bɛtʊl]

vervoeging, conjugatie (de)	konjugasi	[kondʒʊgasi]
verbuiging, declinatie (de)	deklinasi	[deklinasi]
naamval (de)	kasus	[kasʊs]
vraag (de)	soalan	[soalan]
onderstrepen (ww)	menegaskan	[mɛnɛgaskan]
stippellijn (de)	garis titik-titik	[garis titik titik]

121. Vreemde talen

taal (de)	bahasa	[bahasa]
vreemd (bn)	asing	[asiŋ]
vreemde taal (de)	bahasa asing	[bahasa asiŋ]
leren (bijv. van buiten ~)	mempelajari	[mɛmpɛladʒari]
studeren (Nederlands ~)	belajar	[bɛladʒar]

lezen (ww)	membaca	[mɛmbatʃa]
spreken (ww)	bercakap	[bɛrtʃakap]
begrijpen (ww)	memahami	[mɛmahami]
schrijven (ww)	menulis	[mɛnʊlis]
snel (bw)	fasih	[fasih]

| langzaam (bw) | perlahan-lahan | [pɛrlahan lahan] |
| vloeiend (bw) | fasih | [fasih] |

regels (mv.)	peraturan	[pɛratʊran]
grammatica (de)	nahu	[nahʊ]
vocabulaire (het)	kosa kata	[kosa kata]
fonetiek (de)	fonetik	[fonetik]

leerboek (het)	buku teks	[bʊkʊ teks]
woordenboek (het)	kamus	[kamʊs]
leerboek (het) voor zelfstudie	buku teks pembelajaran kendiri	[bʊkʊ teks pɛmbɛladʒaran kɛndiri]
taalgids (de)	buku ungkapan	[bʊkʊ ʊŋkapan]

cassette (de)	kaset	[kaset]
videocassette (de)	kaset video	[kaset video]
CD (de)	cakera padat	[tʃakra padat]
DVD (de)	cakera DVD	[tʃakra dividi]

alfabet (het)	abjad	[abdʒad]
spellen (ww)	mengeja	[mɛŋedʒa]
uitspraak (de)	sebutan	[sɛbʊtan]

accent (het)	aksen	[aksen]
met een accent (bw)	dengan pelat	[dɛŋan pelat]
zonder accent (bw)	tanpa pelat	[tanpa pelat]

| woord (het) | perkataan | [pɛrkata:n] |
| betekenis (de) | erti | [ɛrti] |

cursus (de)	kursus	[kʊrsʊs]
zich inschrijven (ww)	berdaftar	[bɛrdaftar]
leraar (de)	pensyarah	[pɛnɕarah]

vertaling (een ~ maken)	penterjemahan	[pɛntɛrdʒɛmahan]
vertaling (tekst)	terjemahan	[tɛrdʒɛmahan]
vertaler (de)	penterjemah	[pɛntɛrdʒɛmah]
tolk (de)	penterjemah	[pɛntɛrdʒɛmah]

| polyglot (de) | penutur pelbagai bahasa | [pɛnʊtʊr pɛlbagaɪ bahasa] |
| geheugen (het) | ingatan | [iŋatan] |

122. Sprookjesfiguren

Sinterklaas (de)	Santa Claus	[santa klaʊs]
Assepoester (de)	Cinderella	[sinderella]
zeemeermin (de)	ikan duyung	[ikan dʊyŋ]
Neptunus (de)	Waruna	[varʊna]

magiër, tovenaar (de)	ahli sihir	[ahli sihir]
goede heks (de)	sihir perempuan	[sihir pɛrɛmpʊan]
magisch (bn)	ajaib	[adʒaib]
toverstokje (het)	tongkat wasiat	[toŋkat vasiat]
sprookje (het)	dongeng	[doŋeŋ]

wonder (het)	keajaiban	[kɛadʒaiban]
dwerg (de)	orang kerdil	[oraŋ kɛrdil]
veranderen in ...	menjelma menjadi	[mɛndʒɛlma mɛndʒadi]
(anders worden)		

geest (de)	hantu	[hantʊ]
spook (het)	hantu	[hantʊ]
monster (het)	bota	[bota]
draak (de)	naga	[naga]
reus (de)	gergasi	[gɛrgasi]

123. Dierenriem

Ram (de)	Aries	[ariz]
Stier (de)	Taurus	[torɛs]
Tweelingen (mv.)	Gemini	[dʒeminaɪ]
Kreeft (de)	Cancer	[kɛnser]
Leeuw (de)	Leo	[leo]
Maagd (de)	Virgo	[virgo]

Weegschaal (de)	Libra	[libra]
Schorpioen (de)	Scorpio	[skorpio]
Boogschutter (de)	Sagittarius	[sadʒitariʊs]
Steenbok (de)	Capricorn	[kɛprikon]
Waterman (de)	Aquarius	[akʊariʊs]
Vissen (mv.)	Pisces	[piskiz]

karakter (het)	sifat	[sifat]
karaktertrekken (mv.)	sifat	[sifat]
gedrag (het)	tingkah laku	[tiŋkah lakʊ]
waarzeggen (ww)	menilik nasib	[mɛnilik nasib]
waarzegster (de)	penilik nasib perempuan	[pɛnilik nasib pɛrɛmpʊan]
horoscoop (de)	horoskop	[horoskop]

Kunst

124. Theater

theater (het)	teater	[teatɛr]
opera (de)	opera	[opɛra]
operette (de)	opereta	[opɛreta]
ballet (het)	balet	[balet]

affiche (de/het)	poster	[postɛr]
theatergezelschap (het)	rombongan teater	[romboŋan teatɛr]
tournee (de)	pertunjukan jelajah	[pɛrtʊndʒʊkan dʒɛladʒah]
op tournee zijn	berjelajah dengan pertunjukan	[bɛrdʒɛladʒah dɛŋan pɛrtʊndʒʊkan]
repeteren (ww)	melatih berlakon	[mɛlatih bɛrlakon]
repetitie (de)	raptai	[raptaɪ]
repertoire (het)	repertoir	[repɛrtoir]

voorstelling (de)	pertunjukan	[pɛrtʊndʒʊkan]
spektakel (het)	pertunjukan	[pɛrtʊndʒʊkan]
toneelstuk (het)	lakon, teater	[lakon], [teatɛr]

biljet (het)	tiket	[tiket]
kassa (de)	pejabat tiket	[pɛdʒabat tiket]
foyer (de)	ruang legar	[rʊaŋ legar]
garderobe (de)	tempat meletak pakaian	[tɛmpat mɛlɛtak pakajan]
garderobe nummer (het)	teg	[teg]
verrekijker (de)	teropong	[tɛropoŋ]
plaatsaanwijzer (de)	pemeriksa tiket	[pɛmɛriksa tiket]

parterre (de)	tingkat bawah	[tiŋkat bavah]
balkon (het)	balkoni	[balkoni]
gouden rang (de)	bulatan dress	[bʊlatan dres]
loge (de)	boks	[boks]
rij (de)	baris	[baris]
plaats (de)	tempat duduk	[tɛmpat dʊdʊk]

publiek (het)	penonton, odiens	[pɛnonton], [odiens]
kijker (de)	penonton	[pɛnonton]
klappen (ww)	menepuk tangan	[mɛnɛpʊk taŋan]
applaus (het)	tepuk tangan	[tɛpʊk taŋan]
ovatie (de)	tepuk sorak	[tɛpʊk sorak]

toneel (op het ~ staan)	pentas	[pɛntas]
gordijn, doek (het)	tirai	[tiraɪ]
toneeldecor (het)	hiasan latar	[hiasan latar]
backstage (de)	belakang pentas	[blakaŋ pɛntas]
scène (de)	adegan	[adɛgan]
bedrijf (het)	babak	[babak]
pauze (de)	waktu rehat	[vaktʊ rehat]

125. Bioscoop

acteur (de)	pelakon	[pɛlakon]
actrice (de)	aktres	[aktres]
bioscoop (de)	seni wayang gambar	[sɛni vajaŋ gambar]
speelfilm (de)	filem	[filɛm]
aflevering (de)	episod	[episod]
detectivefilm (de)	filem detektif	[filɛm detektif]
actiefilm (de)	filem aksi	[filɛm aksi]
avonturenfilm (de)	filem petualangan	[filɛm pɛtʊalaŋan]
sciencefictionfilm (de)	filem cereka sains	[filɛm ʧɛreka saɪns]
griezelfilm (de)	filem seram	[filɛm sɛram]
komedie (de)	filem komedi	[filɛm komedi]
melodrama (het)	melodrama	[melodrama]
drama (het)	drama	[drama]
speelfilm (de)	filem cereka	[filɛm ʧereka]
documentaire (de)	filem dokumentari	[filɛm dokʊmɛntari]
tekenfilm (de)	filem kartun	[filɛm kartʊn]
stomme film (de)	filem bisu	[filɛm bisʊ]
rol (de)	peranan	[pɛranan]
hoofdrol (de)	peranan utama	[pɛranan ʊtama]
spelen (ww)	memainkan	[mɛmaɪŋkan]
filmster (de)	bintang filem	[bintaŋ filɛm]
bekend (bn)	terkenal	[tɛrkɛnal]
beroemd (bn)	terkenal	[tɛrkɛnal]
populair (bn)	popular	[popʊlar]
scenario (het)	skrip	[skrip]
scenarioschrijver (de)	penulis skrip	[pɛnʊlis skrip]
regisseur (de)	pengarah	[pɛŋarah]
filmproducent (de)	produser	[prodʊsɛr]
assistent (de)	pembantu	[pɛmbantʊ]
cameraman (de)	jurukamera	[ʤʊrʊkamera]
stuntman (de)	pelakon lagak aksi	[pɛlakon lagak aksi]
stuntdubbel (de)	pelakon pengganti	[pɛlakon pɛŋganti]
een film maken	membuat penggambaran filem	[mɛmbʊat pɛŋgambaran filɛm]
auditie (de)	uji bakat	[ʊʤi bakat]
opnamen (mv.)	penggambaran	[pɛŋgambaran]
filmploeg (de)	kru penggambaran	[krʊ pɛŋgambaran]
filmset (de)	tapak penggambaran	[tapak pɛŋgambaran]
filmcamera (de)	kamera filem	[kamera filɛm]
bioscoop (de)	pawagam	[pavagam]
scherm (het)	layar perak	[lajar perak]
een film vertonen	menayangkan filem	[mɛnajaŋkan filɛm]
geluidsspoor (de)	runut bunyi	[rʊnʊt buɲi]
speciale effecten (mv.)	kesan khas	[kɛsan khas]

ondertiteling (de)	sari kata	[sari kata]
voortiteling, aftiteling (de)	barisan kredit	[barisan kredit]
vertaling (de)	terjemahan	[tɛrdʒɛmahan]

126. Schilderij

kunst (de)	seni	[sɛni]
schone kunsten (mv.)	seni halus	[sɛni halʊs]
kunstgalerie (de)	balai seni lukis	[balaɪ sɛni lʊkis]
kunsttentoonstelling (de)	pameran lukisan	[pameran lʊkisan]

schilderkunst (de)	seni lukis	[sɛni lʊkis]
grafiek (de)	seni grafik	[sɛni grafik]
abstracte kunst (de)	seni abstrak	[sɛni abstrak]
impressionisme (het)	impresionisme	[impresionismɛ]

schilderij (het)	lukisan	[lʊkisan]
tekening (de)	lukisan	[lʊkisan]
poster (de)	poster	[postɛr]

illustratie (de)	gambar	[gambar]
miniatuur (de)	lukisan kenit	[lʊkisan kɛnit]
kopie (de)	salinan	[salinan]
reproductie (de)	reproduksi	[reprodʊksi]

mozaïek (het)	mozek	[mozek]
gebrandschilderd glas (het)	kaca berwarna	[katʃa bɛrvarna]
fresco (het)	lukisan dinding	[lʊkisan dindiŋ]
gravure (de)	ukiran	[ʊkiran]

buste (de)	patung dada	[patʊŋ dada]
beeldhouwwerk (het)	arca	[artʃa]
beeld (bronzen ~)	patung	[patʊŋ]
gips (het)	gipsum	[gipsʊm]
gipsen (bn)	daripada gipsum	[daripada gipsʊm]

portret (het)	potret	[potret]
zelfportret (het)	potret diri	[potret diri]
landschap (het)	lukisan landskap	[lʊkisan landskap]
stilleven (het)	alam benda mati	[alam bɛnda mati]
karikatuur (de)	karikatur	[karikatʊr]
schets (de)	sketsa	[sketsa]

verf (de)	cat	[tʃat]
aquarel (de)	cat air	[tʃat air]
olieverf (de)	cat minyak	[tʃat miɲak]
potlood (het)	pensel	[pensel]
Oostindische inkt (de)	dakwat Cina	[dakvat tʃina]
houtskool (de)	arang	[araŋ]

tekenen (met krijt)	melukis	[mɛlʊkis]
schilderen (ww)	melukis	[mɛlʊkis]
poseren (ww)	bergaya	[bɛrgaja]
naaktmodel (man)	model lukisan lelaki	[model lʊkisan lɛlaki]

naaktmodel (vrouw)	model lukisan perempuan	[model lʊkisan pɛrɛmpʊan]
kunstenaar (de)	pelukis	[pɛlʊkis]
kunstwerk (het)	karya	[karja]
meesterwerk (het)	karya ulung	[karʲa ʊlʊŋ]
studio, werkruimte (de)	bengkel	[beŋkel]

schildersdoek (het)	kain kanvas	[kain kanvas]
schildersezel (de)	kekuda	[kɛkʊda]
palet (het)	palet	[palet]

lijst (een vergulde ~)	bingkai	[biŋkaɪ]
restauratie (de)	pemuliharaan	[pɛmʊlihara:n]
restaureren (ww)	memulihara	[mɛmʊlihara]

127. Literatuur & Poëzie

literatuur (de)	sastera	[sastra]
auteur (de)	pengarang	[pɛŋaraŋ]
pseudoniem (het)	nama pena	[nama pɛna]

boek (het)	buku	[bʊkʊ]
boekdeel (het)	jilid	[dʒilid]
inhoudsopgave (de)	kandungan	[kandʊŋan]
pagina (de)	halaman	[halaman]
hoofdpersoon (de)	hero utama	[hero ʊtama]
handtekening (de)	autograf	[autograf]

verhaal (het)	cerpen	[tʃɛrpen]
novelle (de)	novel	[novɛl]
roman (de)	roman	[roman]
werk (literatuur)	karya	[karja]
fabel (de)	fabel	[fabɛl]
detectiveroman (de)	novel detektif	[novɛl detektif]

gedicht (het)	puisi, sajak	[pʊisi], [sadʒak]
poëzie (de)	puisi	[pʊisi]
epos (het)	balada	[balada]
dichter (de)	penyair	[pɛɲjair]

fictie (de)	cereka	[tʃɛreka]
sciencefiction (de)	cereka sains	[tʃɛreka sains]
avonturenroman (de)	pengembaraan	[pɛŋɛmbara:n]
opvoedkundige literatuur (de)	buku-buku pendidikan	[bʊkʊ bʊkʊ pɛndidikan]
kinderliteratuur (de)	sastera kanak-kanak	[sastra kanak kanak]

128. Circus

| circus (de/het) | sarkas | [sarkas] |
| chapiteau circus (de/het) | khemah pertunjukkan sarkas | [khemah pɛrtʊndʒʊkkan sarkas] |

| programma (het) | acara | [atʃara] |
| voorstelling (de) | pertunjukan | [pɛrtʊndʒʊkan] |

nummer (circus ~)	acara	[atʃara]
arena (de)	gelanggang	[gɛlaŋgaŋ]

pantomime (de)	pantomim	[pantomim]
clown (de)	badut	[badʊt]

acrobaat (de)	akrobat	[akrobat]
acrobatiek (de)	akrobatik	[akrobatik]
gymnast (de)	jimnas	[dʒimnas]
gymnastiek (de)	gimnastik	[gimnastik]
salto (de)	balik kuang	[balik kʊaŋ]

sterke man (de)	orang kuat	[oraŋ kʊat]
temmer (de)	penjinak	[pɛndʒinak]
ruiter (de)	penunggang kuda	[pɛnʊŋgaŋ kʊda]
assistent (de)	pembantu	[pɛmbantʊ]

stunt (de)	helah	[helah]
goocheltruc (de)	silap mata	[silap mata]
goochelaar (de)	ahli silap mata	[ahli silap mata]

jongleur (de)	penjugel	[pɛndʒʊgɛl]
jongleren (ww)	melambung-lambungkan	[mɛlambʊŋ lambʊŋkan]
dierentrainer (de)	pelatih binatang	[pɛlatih binataŋ]
dressuur (de)	pelatihan binatang	[pɛlatihan binataŋ]
dresseren (ww)	melatih	[mɛlatih]

129. Muziek. Popmuziek

muziek (de)	muzik	[mʊzik]
muzikant (de)	pemuzik	[pɛmʊzik]
muziekinstrument (het)	alat muzik	[alat mʊzik]
spelen (bijv. gitaar ~)	bermain	[bɛrmaɪn]

gitaar (de)	gitar	[gitar]
viool (de)	biola	[biola]
cello (de)	selo	[selo]
contrabas (de)	dabal bes	[dabal bes]
harp (de)	harp	[harp]

piano (de)	piano	[piano]
vleugel (de)	grand piano	[grand piano]
orgel (het)	organ	[organ]

blaasinstrumenten (mv.)	alat-alat tiupan	[alat alat tiʊpan]
hobo (de)	obo	[obo]
saxofoon (de)	saksofon	[saksofon]
klarinet (de)	klarinet	[klarinet]
fluit (de)	serunai	[sɛrʊnaɪ]
trompet (de)	sangkakala	[saŋkakala]

accordeon (de/het)	akordion	[akordion]
trommel (de)	gendang	[gɛndaŋ]
duet (het)	duet	[dʊet]

trio (het)	**trio**	[trio]
kwartet (het)	**kuartet**	[kʊartet]
koor (het)	**koir**	[koir]
orkest (het)	**orkestra**	[orkestra]
popmuziek (de)	**muzik pop**	[mʊzik pop]
rockmuziek (de)	**muzik rock**	[mʊzik rok]
rockgroep (de)	**kumpulan rock**	[kʊmpʊlan rok]
jazz (de)	**jaz**	[dʒaz]
idool (het)	**idola**	[idola]
bewonderaar (de)	**peminat**	[pɛminat]
concert (het)	**konsert**	[konsɛrt]
symfonie (de)	**simfoni**	[simfoni]
compositie (de)	**gubahan**	[gʊbahan]
componeren (muziek ~)	**mencipta**	[mɛntʃipta]
zang (de)	**nyanyian**	[njaɲian]
lied (het)	**lagu**	[lagʊ]
melodie (de)	**melodi**	[melodi]
ritme (het)	**irama**	[irama]
blues (de)	**muzik blues**	[mʊzik blʊs]
bladmuziek (de)	**not**	[not]
dirigeerstok (baton)	**tongkat pengarah**	[toŋkat pɛŋarah]
strijkstok (de)	**penggesek**	[pɛŋgesek]
snaar (de)	**tali**	[tali]
koffer (de)	**sarung**	[sarʊŋ]

Rusten. Entertainment. Reizen

130. Trip. Reizen

toerisme (het)	pelancongan	[pɛlantʃoŋan]
toerist (de)	pelancong	[pɛlantʃoŋ]
reis (de)	pengembaraan	[pɛŋɛmbaraːn]
avontuur (het)	petualangan	[pɛtʊalaŋan]
tocht (de)	lawatan	[lavatan]
vakantie (de)	cuti	[tʃʊti]
met vakantie zijn	bercuti	[bɛrtʃʊti]
rust (de)	rehat	[rehat]
trein (de)	kereta api	[kreta api]
met de trein	naik kereta api	[naik kreta api]
vliegtuig (het)	kapal terbang	[kapal tɛrbaŋ]
met het vliegtuig	naik kapal terbang	[naik kapal tɛrbaŋ]
met de auto	naik kereta	[naik kreta]
per schip (bw)	naik kapal	[naik kapal]
bagage (de)	bagasi	[bagasi]
valies (de)	beg pakaian	[beg pakajan]
bagagekarretje (het)	troli bagasi	[troli bagasi]
paspoort (het)	pasport	[pasport]
visum (het)	visa	[visa]
kaartje (het)	tiket	[tiket]
vliegticket (het)	tiket kapal terbang	[tiket kapal tɛrbaŋ]
reisgids (de)	buku panduan pelancongan	[bʊkʊ pandʊan pɛlantʃoŋan]
kaart (de)	peta	[pɛta]
gebied (landelijk ~)	kawasan	[kavasan]
plaats (de)	tempat duduk	[tɛmpat dʊdʊk]
exotische bestemming (de)	keeksotikan	[kɛeksotikan]
exotisch (bn)	eksotik	[eksotik]
verwonderlijk (bn)	menakjubkan	[mɛnakdʒʊbkan]
groep (de)	kumpulan	[kʊmpʊlan]
rondleiding (de)	darmawisata	[darmavisata]
gids (de)	pemandu pelancong	[pɛmandʊ pɛlantʃoŋ]

131. Hotel

hotel (het)	hotel	[hotel]
motel (het)	motel	[motel]

3-sterren	tiga bintang	[tiga bintaŋ]
5-sterren	lima bintang	[lima bintaŋ]
overnachten (ww)	menumpang	[mɛnʊmpaŋ]

kamer (de)	bilik	[bilik]
eenpersoonskamer (de)	bilik untuk satu orang	[bilik ʊntʊk satʊ oraŋ]
tweepersoonskamer (de)	bilik kelamin	[bilik kɛlamin]
een kamer reserveren	menempah bilik	[mɛnempah bilik]

| halfpension (het) | penginapan tanpa makanan | [pɛŋinapan tanpa makanan] |
| volpension (het) | penginapan dengan makanan | [pɛŋinapan dɛŋan makanan] |

met badkamer	dengan tab mandi	[dɛŋan tab mandi]
met douche	dengan pancaran air	[dɛŋan pantʃaran air]
satelliet-tv (de)	televisyen satelit	[televiʃɛn satɛlit]
airconditioner (de)	penghawa dingin	[pɛŋhava diŋin]
handdoek (de)	tuala	[tʊala]
sleutel (de)	kunci	[kʊntʃi]

administrateur (de)	pentadbir	[pɛntadbir]
kamermeisje (het)	pengemas rumah	[pɛŋemas rʊmah]
piccolo (de)	porter	[portɛr]
portier (de)	penjaga pintu	[pɛndʒaga pintʊ]

restaurant (het)	restoran	[restoran]
bar (de)	bar	[bar]
ontbijt (het)	makan pagi	[makan pagi]
avondeten (het)	makan malam	[makan malam]
buffet (het)	jamuan berselerak	[dʒamʊan bɛrsɛlerak]

| hal (de) | ruang legar | [rʊaŋ legar] |
| lift (de) | lif | [lif] |

| NIET STOREN | **JANGAN MENGGANGGU** | [dʒaŋan mɛŋgaŋgʊ] |
| VERBODEN TE ROKEN! | **DILARANG MEROKOK!** | [dilaraŋ mɛrokok] |

132. Boeken. Lezen

boek (het)	buku	[bʊkʊ]
auteur (de)	pengarang	[pɛŋaraŋ]
schrijver (de)	penulis	[pɛnʊlis]
schrijven (een boek)	mengarang	[mɛŋaraŋ]

lezer (de)	pembaca	[pɛmbatʃa]
lezen (ww)	membaca	[mɛmbatʃa]
lezen (het)	pembacaan	[pɛmbatʃaːn]

| stil (~ lezen) | senyap | [sɛɲap] |
| hardop (~ lezen) | dengan suara kuat | [dɛŋan sʊara kʊat] |

uitgeven (boek ~)	menerbitkan	[mɛnɛrbitkan]
uitgeven (het)	penerbitan	[pɛnɛrbitan]
uitgever (de)	penerbit	[pɛnɛrbit]

uitgeverij (de)	penerbit	[pɛnɛrbit]
verschijnen (bijv. boek)	terbit	[tɛrbit]
verschijnen (het)	penerbitan	[pɛnɛrbitan]
oplage (de)	edaran	[edaran]

| boekhandel (de) | kedai buku | [kɛdaɪ bʊkʊ] |
| bibliotheek (de) | perpustakaan | [pɛrpʊstaka:n] |

novelle (de)	novel	[novɛl]
verhaal (het)	cerpen	[tʃɛrpen]
roman (de)	roman	[roman]
detectiveroman (de)	novel detektif	[novɛl detektif]

memoires (mv.)	kenangan hidup	[kɛnaŋan hidʊp]
legende (de)	lagenda	[lagenda]
mythe (de)	mitos	[mitos]

gedichten (mv.)	puisi	[pʊisi]
autobiografie (de)	autobiografi	[aʊtobiografi]
bloemlezing (de)	karya pilihan	[karja pilihan]
sciencefiction (de)	cereka sains	[tʃɛreka sains]

naam (de)	judul	[dʒʊdʊl]
inleiding (de)	pengantar	[pɛŋantar]
voorblad (het)	halaman judul	[halaman dʒʊdʊl]

hoofdstuk (het)	bab	[bab]
fragment (het)	petikan	[pɛtikan]
episode (de)	episod	[episod]

intrige (de)	jalan cerita	[dʒalan tʃɛrita]
inhoud (de)	kandungan	[kandʊŋan]
inhoudsopgave (de)	kandungan	[kandʊŋan]
hoofdpersonage (het)	hero utama	[hero ʊtama]

boekdeel (het)	jilid	[dʒilid]
omslag (de/het)	kulit	[kʊlit]
boekband (de)	penjilidan	[pɛndʒilidan]
bladwijzer (de)	penunjuk halaman	[pɛnʊndʒʊk halaman]

pagina (de)	halaman	[halaman]
bladeren (ww)	membelek-belek	[mɛmbelek belek]
marges (mv.)	birai, tepi	[biraɪ], [tɛpi]
annotatie (de)	catatan	[tʃatatan]
opmerking (de)	catatan kaki	[tʃatatan kaki]

tekst (de)	teks	[teks]
lettertype (het)	mata huruf	[mata hʊrʊf]
drukfout (de)	kesalahan cetak	[kɛsalahan tʃetak]

vertaling (de)	terjemahan	[tɛrdʒɛmahan]
vertalen (ww)	menterjemahkan	[mɛntɛrdʒɛmahkan]
origineel (het)	naskhah asli	[naskah asli]

| beroemd (bn) | terkenal | [tɛrkɛnal] |
| onbekend (bn) | tidak dikenali | [tidak dikɛnali] |

| interessant (bn) | seronok | [ɛeronok] |
| bestseller (de) | buku terlaris | [bʊkʊ tɛrlaris] |

woordenboek (het)	kamus	[kamʊs]
leerboek (het)	buku teks	[bʊkʊ teks]
encyclopedie (de)	ensiklopedia	[ensiklopedia]

133. Jacht. Vissen.

jacht (de)	perburuan	[pɛrbʊrʊan]
jagen (ww)	memburu	[mɛmbʊrʊ]
jager (de)	pemburu	[pɛmbʊrʊ]

schieten (ww)	menembak	[mɛnembak]
geweer (het)	senapang	[sɛnapaŋ]
patroon (de)	kartrij	[kartridʒ]
hagel (de)	peluru penabur	[pɛlʊrʊ pɛnabʊr]

val (de)	perangkap	[praŋkap]
valstrik (de)	perangkap	[praŋkap]
in de val trappen	terperangkap	[tɛrpraŋkap]
een val zetten	memasang perangkap	[mɛmasaŋ praŋkap]

stroper (de)	pemburu haram	[pɛmbʊrʊ haram]
wild (het)	burung buruan	[bʊrʊŋ bʊrʊan]
jachthond (de)	anjing pemburu	[andʒiŋ pɛmbʊrʊ]
safari (de)	safari	[safari]
opgezet dier (het)	bentuk binatang	[bɛntʊk binataŋ]

visser (de)	nelayan	[nɛlajan]
visvangst (de)	memancing ikan	[mɛmantʃiŋ ikan]
vissen (ww)	memancing	[mɛmantʃiŋ]

hengel (de)	pancing	[pantʃiŋ]
vislijn (de)	tali pancing	[tali pantʃiŋ]
haak (de)	kail	[kail]
dobber (de)	pelambung	[pɛlambʊŋ]
aas (het)	umpan	[ʊmpan]

de hengel uitwerpen	melemparkan tali pancing	[mɛlemparkan tali pantʃiŋ]
bijten (ov. de vissen)	mengena	[mɛŋɛna]
vangst (de)	hasil tangkapan	[hasil taŋkapan]
wak (het)	lubang ais	[lʊbaŋ aɪs]

net (het)	jala	[dʒala]
boot (de)	perahu	[prahʊ]
vissen met netten	menangkap dengan jala	[mɛnaŋkap dɛŋan dʒala]
het net uitwerpen	menabur jala	[mɛnabʊr dʒala]
het net binnenhalen	menarik jala	[mɛnarik dʒala]
in het net vallen	tertangkap dalam jala	[tɛrtaŋkap dalam dʒala]

walvisvangst (de)	pemburu ikan paus	[pɛmbʊrʊ ikan paʊs]
walvisvaarder (de)	kapal pemburu ikan paus	[kapal pɛmbʊrʊ ikan paʊs]
harpoen (de)	tempuling	[tɛmpʊliŋ]

134. Spellen. Biljart

biljart (het)	biliard	[biliard]
biljartzaal (de)	bilik biliard	[bilik biliard]
biljartbal (de)	bola biliard	[bola biliard]

een bal in het gat jagen	memasukkan bola	[mɛmasʊkkan bola]
keu (de)	kiu	[kiʊ]
gat (het)	poket	[poket]

135. Spellen. Speelkaarten

ruiten (mv.)	daiman	[daɪman]
schoppen (mv.)	sped	[sped]
klaveren (mv.)	lekuk	[lɛkʊk]
harten (mv.)	kelawar	[kɛlavar]

aas (de)	sat	[sat]
koning (de)	raja	[radʒa]
dame (de)	ratu	[ratʊ]
boer (de)	pekak	[pekak]

speelkaart (de)	daun terup	[daʊn tɛrʊp]
kaarten (mv.) ·	daun terup	[daʊn tɛrʊp]
troef (de)	terup	[tɛrʊp]
pak (het) kaarten	pek	[pek]

punt (bijv. vijftig ~en)	mata	[mata]
uitdelen (kaarten ~)	membahagi-bahagikan	[mɛmbahagi bahagikan]
schudden (de kaarten ~)	mengocok	[mɛŋotʃok]
beurt (de)	langkah	[laŋkah]
valsspeler (de)	pemain yang curang	[pɛmaɪn jaŋ tʃʊraŋ]

136. Rusten. Spellen. Diversen

wandelen (on.ww.)	bersiar-siar	[bɛrsiar siar]
wandeling (de)	bersiar-siar	[bɛrsiar siar]
trip (per auto)	perjalanan	[pɛrdʒalanan]
avontuur (het)	petualangan	[pɛtʊalaŋan]
picknick (de)	kelah	[kelah]

spel (het)	permainan	[pɛrmaɪnan]
speler (de)	pemain	[pɛmaɪn]
partij (de)	permainan	[pɛrmaɪnan]

collectioneur (de)	pengumpul	[pɛŋʊmpʊl]
collectioneren (ww)	mengumpulkan	[mɛŋʊmpʊlkan]
collectie (de)	kumpulan	[kʊmpʊlan]

| kruiswoordraadsel (het) | tekata | [tɛkata] |
| hippodroom (de) | padang lumba kuda | [padaŋ lʊmba kʊda] |

discotheek (de)	disko	[disko]
sauna (de)	sauna	[sauna]
loterij (de)	loteri	[lotɛri]

trektocht (kampeertocht)	darmawisata	[darmavisata]
kamp (het)	perkemahan	[pɛrkhemahan]
tent (de)	khemah	[khemah]
kompas (het)	pedoman	[pedoman]
rugzaktoerist (de)	pekhemah	[pekhemah]

bekijken (een film ~)	menonton	[mɛnonton]
kijker (televisie~)	penonton televisyen	[pɛnonton televiʃɛn]
televisie-uitzending (de)	tayangan TV	[tajaŋan tivi]

137. Fotografie

| fotocamera (de) | kamera foto | [kamera foto] |
| foto (de) | fotografi | [fotografi] |

fotograaf (de)	jurugambar	[dʒurugambar]
fotostudio (de)	studio foto	[studio foto]
fotoalbum (het)	album foto	[album foto]

lens (de), objectief (het)	kanta fotografi	[kanta fotografi]
telelens (de)	kanta telefoto	[kanta telefoto]
filter (de/het)	penapis	[pɛnapis]
lens (de)	kanta	[kanta]

optiek (de)	barang optik	[baraŋ optik]
diafragma (het)	bukaan lensa	[buka:n lensa]
belichtingstijd (de)	dedahan cahaya	[dɛdahan ʧahaja]
zoeker (de)	tingkap penenang	[tiŋkap pɛnɛnaŋ]

digitale camera (de)	kamera digital	[kamera digital]
statief (het)	kekaki	[kɛkaki]
flits (de)	lampu denyar	[lampu dɛɲjar]

fotograferen (ww)	mengambil gambar	[mɛŋambil gambar]
kieken (foto's maken)	mengambil gambar	[mɛŋambil gambar]
zich laten fotograferen	bergambar	[bɛrgambar]

focus (de)	fokus	[fokus]
scherpstellen (ww)	melaraskan kanta	[mɛlaraskan kanta]
scherp (bn)	jelas	[dʒɛlas]
scherpte (de)	jelasnya	[dʒɛlasɲa]

| contrast (het) | kontras | [kontras] |
| contrastrijk (bn) | kontras | [kontras] |

kiekje (het)	gambar foto	[gambar foto]
negatief (het)	negatif	[negatif]
filmpje (het)	filem	[filɛm]
beeld (frame)	gambar pegun	[gambar pɛgun]
afdrukken (foto's ~)	mencetak	[mɛnʧetak]

138. Strand. Zwemmen

strand (het)	pantai	[pantaɪ]
zand (het)	pasir	[pasir]
leeg (~ strand)	lengang	[lɛŋaŋ]
bruine kleur (de)	hitam legam kerana berjemur	[hitam lɛgam krana bɛrdʒɛmʊr]
zonnebaden (ww)	berjemur	[bɛrdʒɛmʊr]
gebruind (bn)	hitam legam kerana berjemur	[hitam lɛgam krana bɛrdʒɛmʊr]
zonnecrème (de)	krim pelindung cahaya matahari	[krim pɛlindʊŋ tʃahaja matahari]
bikini (de)	bikini	[bikini]
badpak (het)	pakaian renang	[pakajan rɛnaŋ]
zwembroek (de)	seluar renang	[sɛlʊar rɛnaŋ]
zwembad (het)	kolam renang	[kolam rɛnaŋ]
zwemmen (ww)	berenang	[bɛrɛnaŋ]
douche (de)	pancuran mandi	[pantʃʊran mandi]
zich omkleden (ww)	bersalin	[bɛrsalin]
handdoek (de)	tuala	[tʊala]
boot (de)	perahu	[prahʊ]
motorboot (de)	motobot	[motobot]
waterski's (mv.)	ski air	[ski air]
waterfiets (de)	bot kayuh	[bot kayh]
surfen (het)	berselancar	[bɛrsɛlantʃar]
surfer (de)	peselancar	[pɛsɛlantʃar]
scuba, aqualong (de)	akualang	[akʊalaŋ]
zwemvliezen (mv.)	kaki sirip getah	[kaki sirip gɛtah]
duikmasker (het)	topeng	[topeŋ]
duiker (de)	penyelam	[pɛɲjelam]
duiken (ww)	menyelam	[mɛɲjelam]
onder water (bw)	di bawah air	[di bavah air]
parasol (de)	payung	[payŋ]
ligstoel (de)	kerusi anduh	[krʊsi andʊh]
zonnebril (de)	kaca mata hitam	[katʃa mata hitam]
luchtmatras (de/het)	tilam angin	[tilam aŋin]
spelen (ww)	bermain	[bɛrmaɪn]
gaan zwemmen (ww)	mandi	[mandi]
bal (de)	bola	[bola]
opblazen (oppompen)	meniup	[mɛniʊp]
lucht-, opblaasbare (bn)	geleca udara	[gɛlɛtʃa ʊdara]
golf (hoge ~)	gelombang	[gɛlombaŋ]
boei (de)	boya	[boja]
verdrinken (ww)	mati lemas	[mati lɛmas]
redden (ww)	menyelamatkan	[mɛɲjelamatkan]

reddingsvest (de)	jaket keselamatan	[dʒaket kɛsɛlamatan]
waarnemen (ww)	menyaksikan	[mɛɲjaksikan]
redder (de)	penyelamat	[pɛɲjelamat]

TECHNISCHE APPARATUUR. VERVOER

Technische apparatuur

139. Computer

computer (de)	komputer	[kompʊtɛr]
laptop (de)	komputer riba	[kompʊtɛr riba]
aanzetten (ww)	menghidupkan	[mɛŋhidʊpkan]
uitzetten (ww)	mematikan	[mɛmatikan]
toetsenbord (het)	papan kekunci	[papan kɛkʊntʃi]
toets (enter~)	kekunci	[kɛkʊntʃi]
muis (de)	tetikus	[tɛtikʊs]
muismat (de)	alas tetikus	[alas tɛtikʊs]
knopje (het)	tombol	[tombol]
cursor (de)	kursor	[kʊrsor]
monitor (de)	monitor	[monitor]
scherm (het)	layar perak	[lajar perak]
harde schijf (de)	cakera keras	[tʃakra kras]
volume (het)	kapasiti storan	[kapasiti storan
van de harde schijf	cakera keras	tʃakra kras]
geheugen (het)	ingatan, memori	[iŋatan], [memori]
RAM-geheugen (het)	ingatan capaian rawak	[iŋatan tʃapajan ravak]
bestand (het)	fail	[faɪl]
folder (de)	folder	[foldɛr]
openen (ww)	membuka	[mɛmbʊka]
sluiten (ww)	menutup	[mɛnʊtʊp]
opslaan (ww)	simpan	[simpan]
verwijderen (wissen)	hapus	[hapʊs]
kopiëren (ww)	menyalin	[mɛɲjalin]
sorteren (ww)	mangasih	[maɲasih]
overplaatsen (ww)	menyalin	[mɛɲjalin]
programma (het)	aplikasi	[aplikasi]
software (de)	perisian	[pɛrisian]
programmeur (de)	juruprogram	[dʒʊrʊprogram]
programmeren (ww)	memprogram	[mɛmprogram]
hacker (computerkraker)	penggodam	[pɛŋgodam]
wachtwoord (het)	kata laluan	[kata lalʊan]
virus (het)	virus	[virʊs]
ontdekken (virus ~)	menemui	[mɛnɛmʊi]

| byte (de) | bait | [baɪt] |
| megabyte (de) | megabait | [megabaɪt] |

| data (de) | data | [data] |
| databank (de) | pangkalan data | [paŋkalan data] |

kabel (USB-~, enz.)	kabel	[kabɛl]
afsluiten (ww)	mencabut palam	[mɛntʃabʊt palam]
aansluiten op (ww)	menyambung	[mɛɲjambʊŋ]

140. Internet. E-mail

internet (het)	Internet	[intɛrnet]
browser (de)	browser	[braʊsʊr]
zoekmachine (de)	enjin carian	[endʒin tʃarian]
internetprovider (de)	penyedia perkhidmatan	[pɛɲjedia pɛrkhidmatan]

webmaster (de)	webmaster	[vebmaster]
website (de)	laman sesawang	[laman sɛsavaŋ]
webpagina (de)	laman sesawang	[laman sɛsavaŋ]

| adres (het) | alamat | [alamat] |
| adresboek (het) | buku alamat | [bʊkʊ alamat] |

postvak (het)	peti surat	[pɛti sʊrat]
post (de)	mel	[mel]
vol (~ postvak)	penuh	[pɛnʊh]

bericht (het)	pesanan	[pɛsanan]
binnenkomende berichten (mv.)	mesej masuk	[mesedʒ masʊk]
uitgaande berichten (mv.)	mesej keluar	[mesedʒ kɛlʊar]

verzender (de)	pengirim	[pɛŋirim]
verzenden (ww)	mengirim	[mɛŋirim]
verzending (de)	pengiriman	[pɛŋiriman]

| ontvanger (de) | penerima | [pɛnɛrima] |
| ontvangen (ww) | menerima | [mɛnɛrima] |

| correspondentie (de) | surat-menyurat | [sʊrat mɛɲjyrat] |
| corresponderen (met ...) | surat-menyurat | [sʊrat mɛɲjyrat] |

bestand (het)	fail	[faɪl]
downloaden (ww)	muat turun	[mʊat tʊrʊn]
creëren (ww)	menciptakan	[mɛntʃiptakan]
verwijderen (een bestand ~)	hapus	[hapʊs]
verwijderd (bn)	dihapus	[dihapʊs]

verbinding (de)	perhubungan	[pɛrhʊbʊŋan]
snelheid (de)	kecepatan	[kɛtʃɛpatan]
modem (de)	modem	[modem]
toegang (de)	akses	[akses]
poort (de)	port	[port]

aansluiting (de)	**sambungan**	[sambʊŋan]
zich aansluiten (ww)	**menyambung**	[mɛɲjambʊŋ]
selecteren (ww)	**memilih**	[mɛmilih]
zoeken (ww)	**mencari**	[mɛntʃari]

Vervoer

141. Vliegtuig

vliegtuig (het)	kapal terbang	[kapal tɛrbaŋ]
vliegticket (het)	tiket kapal terbang	[tiket kapal tɛrbaŋ]
luchtvaartmaatschappij (de)	syarikat penerbangan	[çarikat pɛnɛrbaŋan]
luchthaven (de)	lapangan terbang	[lapaŋan tɛrbaŋ]
supersonisch (bn)	supersonik	[sʊpersonik]
gezagvoerder (de)	kapten kapal	[kaptɛn kapal]
bemanning (de)	anak buah	[anak bʊah]
piloot (de)	juruterbang	[dʒʊrʊtɛrbaŋ]
stewardess (de)	pramugari	[pramʊgari]
stuurman (de)	pemandu	[pɛmandʊ]
vleugels (mv.)	sayap	[sajap]
staart (de)	ekor	[ekor]
cabine (de)	kokpit	[kokpit]
motor (de)	enjin	[endʒin]
landingsgestel (het)	roda pendarat	[roda pɛndarat]
turbine (de)	turbin	[tʊrbin]
propeller (de)	baling-baling	[baliŋ baliŋ]
zwarte doos (de)	kotak hitam	[kotak hitam]
stuur (het)	kemudi	[kɛmʊdi]
brandstof (de)	bahan bakar	[bahan bakar]
veiligheidskaart (de)	kad keselamatan	[kad kɛsɛlamatan]
zuurstofmasker (het)	topeng oksigen	[topeŋ oksigɛn]
uniform (het)	pakaian seragam	[pakajan sɛragam]
reddingsvest (de)	jaket keselamatan	[dʒaket kɛsɛlamatan]
parachute (de)	payung terjun	[payŋ tɛrdʒʊn]
opstijgen (het)	berlepas	[bɛrlɛpas]
opstijgen (ww)	berlepas	[bɛrlɛpas]
startbaan (de)	landasan berlepas	[landasan bɛrlɛpas]
zicht (het)	darjah penglihatan	[dardʒah pɛŋlihatan]
vlucht (de)	penerbangan	[pɛnɛrbaŋan]
hoogte (de)	ketinggian	[kɛtiŋgian]
luchtzak (de)	lubang udara	[lʊbaŋ ʊdara]
plaats (de)	tempat duduk	[tɛmpat dʊdʊk]
koptelefoon (de)	pendengar telinga	[pɛndɛŋar tɛliŋa]
tafeltje (het)	meja lipat	[medʒa lipat]
venster (het)	tingkap kapal terbang	[tiŋkap kapal tɛrbaŋ]
gangpad (het)	laluan	[lalʊan]

142. Trein

trein (de)	**kereta api**	[kreta api]
elektrische trein (de)	**tren elektrik**	[tren elektrik]
sneltrein (de)	**kereta api cepat**	[kreta api tʃɛpat]
diesellocomotief (de)	**lokomotif**	[lokomotif]
locomotief (de)	**kereta api**	[kreta api]
rijtuig (het)	**gerabak penumpang**	[gɛrabak pɛnʊmpaŋ]
restauratierijtuig (het)	**gerabak makan minum**	[gɛrabak makan minʊm]
rails (mv.)	**rel**	[rel]
spoorweg (de)	**jalan kereta api**	[dʒalan kreta api]
dwarsligger (de)	**kayu landas**	[kay landas]
perron (het)	**platform**	[platform]
spoor (het)	**trek landasan**	[trek landasan]
semafoor (de)	**lampu isyarat**	[lampʊ iɕarat]
halte (bijv. kleine treinhalte)	**stesen**	[stesen]
machinist (de)	**pemandu kereta api**	[pɛmandʊ kreta api]
kruier (de)	**porter**	[portɛr]
conducteur (de)	**konduktor kereta api**	[kondʊktor kreta api]
passagier (de)	**penumpang**	[pɛnʊmpaŋ]
controleur (de)	**konduktor**	[kondʊktor]
gang (in een trein)	**koridor**	[koridor]
noodrem (de)	**brek kecemasan**	[brek kɛtʃɛmasan]
coupé (de)	**petak gerabak**	[petak gɛrabak]
bed (slaapplaats)	**bangku**	[baŋkʊ]
bovenste bed (het)	**bangku atas**	[baŋkʊ atas]
onderste bed (het)	**bangku bawah**	[baŋkʊ bavah]
beddengoed (het)	**linen**	[linen]
kaartje (het)	**tiket**	[tiket]
dienstregeling (de)	**jadual waktu**	[dʒadʊal vaktʊ]
informatiebord (het)	**paparan jadual**	[paparan dʒadʊal]
vertrekken	**berlepas**	[bɛrlɛpas]
(De trein vertrekt …)		
vertrek (ov. een trein)	**perlepasan**	[pɛrlɛpasan]
aankomen (ov. de treinen)	**tiba**	[tiba]
aankomst (de)	**ketibaan**	[kɛtiba:n]
aankomen per trein	**datang naik kereta api**	[dataŋ naik kreta api]
in de trein stappen	**naik kereta api**	[naik kreta api]
uit de trein stappen	**turun kereta api**	[tʊrʊn kreta api]
treinwrak (het)	**kemalangan**	[kɛmalaŋan]
ontspoord zijn	**keluar rel**	[kɛlʊar rel]
locomotief (de)	**kereta api**	[kreta api]
stoker (de)	**tukang api**	[tʊkaŋ api]
stookplaats (de)	**tungku**	[tʊŋkʊ]
steenkool (de)	**arang**	[araŋ]

143. Schip

schip (het)	kapal	[kapal]
vaartuig (het)	kapal	[kapal]
stoomboot (de)	kapal api	[kapal api]
motorschip (het)	kapal	[kapal]
lijnschip (het)	kapal laut	[kapal laʊt]
kruiser (de)	kapal penjelajah	[kapal pɛndʒɛladʒah]
jacht (het)	kapal persiaran	[kapal pɛrsiaran]
sleepboot (de)	kapal tunda	[kapal tʊnda]
duwbak (de)	tongkang	[toŋkaŋ]
ferryboot (de)	feri	[feri]
zeilboot (de)	kapal layar	[kapal lajar]
brigantijn (de)	kapal brigantine	[kapal brigantinɛ]
IJsbreker (de)	kapal pemecah ais	[kapal pɛmɛtʃah aɪs]
duikboot (de)	kapal selam	[kapal sɛlam]
boot (de)	perahu	[prahʊ]
sloep (de)	sekoci	[sɛkotʃi]
reddingssloep (de)	sekoci penyelamat	[sɛkotʃi pɛɲelamat]
motorboot (de)	motobot	[motobot]
kapitein (de)	kapten	[kaptɛn]
zeeman (de)	kelasi	[kɛlasi]
matroos (de)	pelaut	[pɛlaʊt]
bemanning (de)	anak buah	[anak bʊah]
bootsman (de)	nakhoda	[nakhoda]
scheepsjongen (de)	kadet kapal	[kadet kapal]
kok (de)	tukang masak	[tʊkaŋ masak]
scheepsarts (de)	doktor kapal	[doktor kapal]
dek (het)	dek	[dek]
mast (de)	tiang	[tiaŋ]
zeil (het)	layar	[lajar]
ruim (het)	palka	[palka]
voorsteven (de)	haluan	[halʊan]
achtersteven (de)	buritan	[bʊritan]
roeispaan (de)	kayuh	[kayh]
schroef (de)	baling-baling	[baliŋ baliŋ]
kajuit (de)	kabin, bilik	[kabin], [bilik]
officierskamer (de)	bilik pegawai kapal	[bilik pɛgawai kapal]
machinekamer (de)	bilik enjin	[bilik endʒin]
brug (de)	anjungan kapal	[andʒʊŋan kapal]
radiokamer (de)	bilik siaran radio	[bilik siaran radio]
radiogolf (de)	gelombang	[gɛlombaŋ]
logboek (het)	buku log	[bʊkʊ log]
verrekijker (de)	teropong kecil	[tɛropoŋ kɛtʃil]
klok (de)	loceng	[lotʃeŋ]

vlag (de)	bendera	[bɛndera]
kabel (de)	tali	[tali]
knoop (de)	simpul	[simpʊl]

| trapleuning (de) | susur tangan | [sʊsʊr taŋan] |
| trap (de) | tangga kapal | [taŋga kapal] |

anker (het)	sauh	[saʊh]
het anker lichten	mengangkat sauh	[mɛŋaŋkat saʊh]
het anker neerlaten	berlabuh	[bɛrlabʊh]
ankerketting (de)	rantai sauh	[rantaɪ saʊh]

haven (bijv. containerhaven)	pelabuhan	[pɛlabʊhan]
kaai (de)	jeti	[dʒeti]
aanleggen (ww)	merapat	[mɛrapat]
wegvaren (ww)	berlepas	[bɛrlɛpas]

reis (de)	pengembaraan	[pɛŋɛmbara:n]
cruise (de)	pelayaran pesiaran	[pɛlajaran pɛsiaran]
koers (de)	haluan	[halʊan]
route (de)	laluan	[lalʊan]

vaarwater (het)	aluran pelayaran	[alʊran pɛlajaran]
zandbank (de)	beting	[bɛtiŋ]
stranden (ww)	karam	[karam]

storm (de)	badai	[badaɪ]
signaal (het)	peluit	[pɛlʊit]
zinken (ov. een boot)	tenggelam	[tɛŋgɛlam]
Man overboord!	Orang jatuh ke laut!	[oraŋ dʒatʊh kɛ laʊt]
SOS (noodsignaal)	SOS	[sos]
reddingsboei (de)	pelambung keselamatan	[pɛlambʊŋ kɛsɛlamatan]

144. Vliegveld

luchthaven (de)	lapangan terbang	[lapaŋan tɛrbaŋ]
vliegtuig (het)	kapal terbang	[kapal tɛrbaŋ]
luchtvaartmaatschappij (de)	syarikat penerbangan	[ɕarikat pɛnɛrbaŋan]
luchtverkeersleider (de)	pengawal lalu lintas udara	[pɛŋaval lalʊ lintas ʊdara]

vertrek (het)	berlepas	[bɛrlɛpas]
aankomst (de)	ketibaan	[kɛtiba:n]
aankomen (per vliegtuig)	tiba	[tiba]

| vertrektijd (de) | waktu berlepas | [vaktʊ bɛrlɛpas] |
| aankomstuur (het) | waktu ketibaan | [vaktʊ kɛtiba:n] |

| vertraagd zijn (ww) | terlewat | [tɛrlevat] |
| vluchtvertraging (de) | kelewatan penerbangan | [kelevatan pɛnɛrbaŋan] |

informatiebord (het)	skrin paparan maklumat	[skrin paparan maklʊmat]
informatie (de)	maklumat	[maklʊmat]
aankondigen (ww)	mengumumkan	[mɛŋʊmʊmkan]
vlucht (bijv. KLM ~)	penerbangan	[pɛnɛrbaŋan]

| douane (de) | kastam | [kastam] |
| douanier (de) | anggota kastam | [aŋgota kastam] |

douaneaangifte (de)	ikrar kastam	[ikrar kastam]
invullen (douaneaangifte ~)	mengisi	[mɛɲisi]
een douaneaangifte invullen	mengisi ikrar kastam	[mɛɲisi ikrar kastam]
paspoortcontrole (de)	pemeriksaan pasport	[pɛmɛriksa:n pasport]

bagage (de)	bagasi	[bagasi]
handbagage (de)	bagasi tangan	[bagasi taŋan]
Gevonden voorwerpen	kaunter Bagasi Hilang	[kaʊntɛr bagasi hilaŋ]
bagagekarretje (het)	troli	[troli]

landing (de)	pendaratan	[pɛndaratan]
landingsbaan (de)	jalur mendarat	[dʒalʊr mɛndarat]
landen (ww)	mendarat	[mɛndarat]
vliegtuigtrap (de)	tangga kapal terbang	[taŋga kapal tɛrbaŋ]

inchecken (het)	pendaftaran	[pɛndaftaran]
incheckbalie (de)	kaunter daftar masuk	[kaʊntɛr daftar masʊk]
inchecken (ww)	berdaftar	[bɛrdaftar]
instapkaart (de)	pas masuk	[pas masʊk]
gate (de)	pintu berlepas	[pintʊ bɛrlɛpas]

transit (de)	transit	[transit]
wachten (ww)	menunggu	[mɛnʊŋgʊ]
wachtzaal (de)	balai menunggu	[balaɪ mɛnʊŋgʊ]
begeleiden (uitwuiven)	menghantarkan	[mɛɲhantarkan]
afscheid nemen (ww)	minta diri	[minta diri]

145. Fiets. Motorfiets

fiets (de)	basikal	[basikal]
bromfiets (de)	skuter	[skʊtɛr]
motorfiets (de)	motosikal	[motosikal]

met de fiets rijden	naik basikal	[naik basikal]
stuur (het)	kemudi	[kɛmʊdi]
pedaal (de/het)	pedal	[pedal]
remmen (mv.)	brek	[brek]
fietszadel (de/het)	pelana	[pɛlana]

pomp (de)	pam	[pam]
bagagedrager (de)	tempat bagasi	[tɛmpat bagasi]
fietslicht (het)	lampu depan basikal	[lampʊ dɛpan basikal]
helm (de)	helmet	[helmet]

wiel (het)	roda	[roda]
spatbord (het)	dapra	[dapra]
velg (de)	rim	[rim]
spaak (de)	jejari	[dʒɛdʒari]

Auto's

146. Soorten auto's

auto (de)	**kereta**	[kreta]
sportauto (de)	**kereta sukan**	[kreta sʊkan]
limousine (de)	**limusin**	[limʊsin]
terreinwagen (de)	**kenderaan pacuan empat roda**	[kɛndra:n patʃʊan ɛmpat roda]
cabriolet (de)	**kereta cabriolet**	[kreta kabriolet]
minibus (de)	**bas mini**	[bas mini]
ambulance (de)	**ambulans**	[ambʊlans]
sneeuwruimer (de)	**jentolak salji**	[dʒɛntolak saldʒi]
vrachtwagen (de)	**lori**	[lori]
tankwagen (de)	**lori tangki minyak**	[lori taŋki miɲjak]
bestelwagen (de)	**van**	[van]
trekker (de)	**jentarik**	[dʒɛntarik]
aanhangwagen (de)	**treler**	[trelɛr]
comfortabel (bn)	**selesa**	[sɛlesa]
tweedehands (bn)	**terpakai**	[tɛrpakaɪ]

147. Auto's. Carrosserie

motorkap (de)	**bonet**	[bonet]
spatbord (het)	**dapra**	[dapra]
dak (het)	**bumbung**	[bʊmbʊŋ]
voorruit (de)	**cermin depan**	[tʃɛrmin dɛpan]
achterruit (de)	**cermin pandang belakang**	[tʃɛrmin pandaŋ blakaŋ]
ruitensproeier (de)	**pencuci cermin**	[pɛntʃʊtʃi tʃɛrmin]
wisserbladen (mv.)	**pengelap cermin depan**	[pɛŋɛlap tʃɛrmin dɛpan]
zijruit (de)	**cermin tingkap sisi**	[tʃɛrmin tiŋkap sisi]
raamlift (de)	**pemutar tingkap**	[pɛmʊtar tiŋkap]
antenne (de)	**aerial**	[aerial]
zonnedak (het)	**tingkap bumbung**	[tiŋkap bʊmbʊŋ]
bumper (de)	**bampar**	[bampar]
koffer (de)	**but kereta**	[bʊt kreta]
imperiaal (de/het)	**rak bumbung**	[rak bʊmbʊŋ]
portier (het)	**pintu kecil**	[pintʊ kɛtʃil]
handvat (het)	**tangkai**	[taŋkaɪ]
slot (het)	**kunci**	[kʊntʃi]
nummerplaat (de)	**nombor plat**	[nombor plat]

knalpot (de)	peredam bunyi	[pɛrɛdam buɲi]
benzinetank (de)	tangki minyak	[taŋki miɲjak]
uitlaatpijp (de)	paip ekzos	[paɪp ekzos]

gas (het)	pemecut	[pɛmɛtʃʊt]
pedaal (de/het)	pedal	[pedal]
gaspedaal (de/het)	pedal pemecut	[pedal pɛmɛtʃʊt]

rem (de)	brek	[brek]
rempedaal (de/het)	pedal brek	[pedal brek]
remmen (ww)	membrek	[mɛmbrek]
handrem (de)	brek tangan	[brek taŋan]

koppeling (de)	klac	[klatʃ]
koppelingspedaal (de/het)	pedal klac	[pedal klatʃ]
koppelingsschijf (de)	piring klac	[piriŋ klatʃ]
schokdemper (de)	penyerap kejutan	[pɛɲjerap kɛdʒʊtan]

wiel (het)	roda	[roda]
reservewiel (het)	tayar ganti	[tajar ganti]
band (de)	tayar	[tajar]
wieldop (de)	tutup hab	[tʊtʊp hab]

aandrijfwielen (mv.)	pemacu roda	[pɛmatʃʊ roda]
met voorwielaandrijving	pacuan depan	[patʃuan dɛpan]
met achterwielaandrijving	pacuan belakang	[patʃuan blakaŋ]
met vierwielaandrijving	pacuan semua roda	[patʃuan sɛmua roda]

versnellingsbak (de)	kotak gear	[kotak gear]
automatisch (bn)	automatik	[aʊtomatik]
mechanisch (bn)	mekanikal	[mekanikal]
versnellingspook (de)	batang gear	[bataŋ gear]

| voorlicht (het) | lampu besar | [lampʊ bɛsar] |
| voorlichten (mv.) | sinar lampu besar | [sinar lampʊ bɛsar] |

dimlicht (het)	lampu jarak dekat	[lampʊ dʒarak dɛkat]
grootlicht (het)	lampujarak jauh	[lampʊ dʒarak dʒaʊh]
stoplicht (het)	lampu brek	[lampʊ brek]

standlichten (mv.)	lampu kecil	[lampʊ kɛtʃil]
noodverlichting (de)	lampu kecemasan	[lampʊ ketʃɛmasan]
mistlichten (mv.)	lampu kabus	[lampʊ kabʊs]
pinker (de)	petunjuk arah belokan	[pɛtʊndʒʊk arah blokan]
achteruitrijdlicht (het)	lampu mundur	[lampʊ mʊndʊr]

148. Auto's. Passagiersruimte

interieur (het)	bahagian dalam kereta	[bahagian dalam kreta]
leren (van leer gemaak)	kulit	[kʊlit]
fluwelen (abn)	velour	[velʊr]
bekleding (de)	kain upholsteri	[kain apholsteri]
toestel (het)	alat, perkakas	[alat], [pɛrkakas]
instrumentenbord (het)	papan pemuka	[papan pɛmʊka]

| snelheidsmeter (de) | meter laju | [mɛtɛr ladʒʊ] |
| pijltje (het) | jarum | [dʒarʊm] |

kilometerteller (de)	odometer	[odomɛtɛr]
sensor (de)	lampu penunjuk	[lampʊ pɛnʊndʒʊk]
niveau (het)	paras	[paras]
controlelampje (het)	lampu amaran	[lampʊ amaran]

stuur (het)	kemudi	[kɛmʊdi]
toeter (de)	hon	[hon]
knopje (het)	tombol	[tombol]
schakelaar (de)	suis	[sʊis]

stoel (bestuurders~)	tempat duduk	[tɛmpat dʊdʊk]
rugleuning (de)	sandaran	[sandaran]
hoofdsteun (de)	sandaran kepala	[sandaran kɛpala]
veiligheidsgordel (de)	tali pinggang keledar	[tali piŋgaŋ kɛledar]
de gordel aandoen	memasang tali pinggang keselamatan	[mɛmasaŋ tali piŋgaŋ kɛsɛlamatan]
regeling (de)	pengaturan	[pɛŋatʊran]

| airbag (de) | beg udara | [beg ʊdara] |
| airconditioner (de) | penghawa dingin | [pɛŋhava diŋin] |

radio (de)	radio	[radio]
CD-speler (de)	pemain CD	[pɛmaɪn si di]
aanzetten (bijv. radio ~)	menghidupkan	[mɛŋhidʊpkan]
antenne (de)	aerial	[aerial]
handschoenenkastje (het)	laci kereta	[latʃi kreta]
asbak (de)	tempat abu rokok	[tɛmpat abʊ rokok]

149. Auto's. Motor

| diesel- (abn) | diesel | [disel] |
| benzine- (~motor) | minyak | [miɲjak] |

motorinhoud (de)	isi padu enjin	[isi padʊ ɛndʒin]
vermogen (het)	kekuatan	[kɛkʊatan]
paardenkracht (de)	kuasa kuda	[kʊasa kʊda]
zuiger (de)	omboh	[omboh]
cilinder (de)	kebuk	[kɛbʊk]
klep (de)	injap	[indʒap]

injectie (de)	injektor	[indʒektor]
generator (de)	jana kuasa	[dʒana kʊasa]
carburator (de)	karburetor	[karbʊretor]
motorolie (de)	minyak enjin	[miɲjak ɛndʒin]

radiator (de)	radiator	[radiator]
koelvloeistof (de)	cecair penyejuk	[tʃɛtʃair pɛɲjedʒʊk]
ventilator (de)	kipas angin	[kipas aɲin]

| accu (de) | bateri | [batɛri] |
| starter (de) | pemula | [pɛmʊla] |

| contact (ontsteking) | pencucuhan | [pɛntʃutʃuhan] |
| bougie (de) | palam pencucuh | [palam pɛntʃutʃuh] |

pool (de)	pangkalan	[paŋkalan]
positieve pool (de)	pangkalan plus	[paŋkalan plus]
negatieve pool (de)	pangkalan minus	[paŋkalan minus]
zekering (de)	fius	[fius]

luchtfilter (de)	turas udara	[turas udara]
oliefilter (de)	turas minyak	[turas miɲjak]
benzinefilter (de)	penuras bahan bakar	[pɛnuras bahan bakar]

150. Auto's. Botsing. Reparatie

auto-ongeval (het)	kemalangan	[kɛmalaŋan]
verkeersongeluk (het)	nahas jalan	[nahas dʒalan]
aanrijden	melanggar	[mɛlaŋgar]
(tegen een boom, enz.)		
verongelukken (ww)	remuk kerana kemalangan	[rɛmuk krana kɛmalaŋan]
beschadiging (de)	kerosakan	[kɛrosakan]
heelhuids (bn)	tidak tersentuh	[tidak tɛrsɛntuh]

pech (de)	kerosakan	[kɛrosakan]
kapot gaan (zijn gebroken)	patah	[patah]
sleeptouw (het)	tali tunda	[tali tunda]

lek (het)	pancit	[pantʃit]
lekke krijgen (band)	pancit	[pantʃit]
oppompen (ww)	meniup	[mɛniup]
druk (de)	tekanan	[tɛkanan]
checken (controleren)	memeriksa	[mɛmɛriksa]

reparatie (de)	pembaikan	[pɛmbaikan]
garage (de)	bengkel servis kereta	[beŋkel sɛrvis kreta]
wisselstuk (het)	alat ganti	[alat ganti]
onderdeel (het)	barang ganti	[baraŋ ganti]

bout (de)	bolt	[bolt]
schroef (de)	skru	[skru]
moer (de)	nat	[nat]
sluitring (de)	sesendal	[sɛsɛndal]
kogellager (de/het)	alas	[alas]

pijp (de)	paip	[paɪp]
pakking (de)	pelapik	[pɛlapik]
kabel (de)	kawat, wayar	[kavat], [vajar]

dommekracht (de)	bicu	[bitʃu]
moersleutel (de)	sepana	[sɛpana]
hamer (de)	tukul	[tukul]
pomp (de)	pam	[pam]
schroevendraaier (de)	pemutar skru	[pɛmutar skru]
brandblusser (de)	pemadam api	[pɛmadam api]
gevarendriehoek (de)	segi tiga pengaman	[sɛgi tiga pɛŋaman]

afslaan (ophouden te werken)	mati	[mati]
uitvallen (het)	matinya	[matiɲa]
zijn gebroken	rosak	[rosak]

oververhitten (ww)	menjadi terlampau panas	[mɛndʒadi tɛrlampaʊ panas]
verstopt raken (ww)	tersumbat	[tɛrsʊmbat]
bevriezen (autodeur, enz.)	tersumbat akibat ais	[tɛrsʊmbat akibat aɪs]
barsten (leidingen, enz.)	pecah	[pɛtʃah]

druk (de)	tekanan	[tɛkanan]
niveau (bijv. olieniveau)	paras	[paras]
slap (de drijfriem is ~)	longgar	[loŋgar]

deuk (de)	kemik	[kemik]
geklop (vreemde geluiden)	ketukan	[kɛtʊkan]
barst (de)	retakan	[rɛtakan]
kras (de)	calar	[tʃalar]

151. Auto's. Weg

weg (de)	jalan	[dʒalan]
snelweg (de)	lebuh raya	[lɛbʊh raja]
autoweg (de)	jalan raya	[dʒalan raja]
richting (de)	halatuju	[halatʊdʒʊ]
afstand (de)	jarak	[dʒarak]

brug (de)	jambatan	[dʒambatan]
parking (de)	tempat letak	[tɛmpat lɛtak]
plein (het)	dataran	[dataran]
verkeersknooppunt (het)	persimpangan	[pɛrsimpaɲan]
tunnel (de)	terowongan	[tɛrovoŋan]

benzinestation (het)	pam minyak	[pam miɲjak]
parking (de)	tempat letak kereta	[tɛmpat lɛtak kreta]
benzinepomp (de)	pam minyak	[pam miɲjak]
garage (de)	bengkel servis kereta	[bɛŋkel sɛrvis kreta]
tanken (ww)	mengisi	[meɲisi]
brandstof (de)	bahan bakar	[bahan bakar]
jerrycan (de)	tin	[tin]

asfalt (het)	turap	[tʊrap]
markering (de)	penandaan jalan	[pɛnanda:n dʒalan]
trottoirband (de)	bebendul jalan	[bɛbɛndʊl dʒalan]
geleiderail (de)	pagar	[pagar]
greppel (de)	longkang	[loŋkaŋ]
vluchtstrook (de)	bahu jalan	[bahʊ dʒalan]
lichtmast (de)	tiang	[tiaŋ]

besturen (een auto ~)	memandu	[mɛmandʊ]
afslaan (naar rechts ~)	membelok	[mɛmblok]
U-bocht maken (ww)	membuat pusingan U	[mɛmbʊat pʊsiŋan y]
achteruit (de)	mundur	[mʊndʊr]
toeteren (ww)	membunyikan hon	[mɛmbʊɲikan hon]

toeter (de)	bunyi hon	[buɲʲi hon]
vastzitten (in modder)	terkandas	[tɛrkandas]
spinnen (wielen gaan ~)	berputar-putar	[bɛrputar putar]
uitzetten (ww)	mematikan	[mɛmatikan]

snelheid (de)	kecepatan	[kɛtʃɛpatan]
een snelheidsovertreding maken	melebihi had laju	[mɛlɛbihi had ladʒu]
bekeuren (ww)	mendenda	[mɛndɛnda]
verkeerslicht (het)	lampu isyarat	[lampu iɕarat]
rijbewijs (het)	lesen mengemudi	[lesen mɛŋɛmudi]

overgang (de)	lintasan	[lintasan]
kruispunt (het)	persimpangan	[pɛrsimpaŋan]
zebrapad (oversteekplaats)	lintasan pejalan kaki	[lintasan pɛdʒalan kaki]
bocht (de)	belokan	[blokan]
voetgangerszone (de)	kawasan pejalan kaki	[kavasan pɛdʒalan kaki]

MENSEN. GEBEURTENISSEN IN HET LEVEN

Gebeurtenissen in het leven

152. Vakanties. Evenement

feest (het)	perayaan	[pɛraja:n]
nationale feestdag (de)	hari kebangsaan	[hari kɛbaŋsa:n]
feestdag (de)	cuti umum	[ʧuti umum]
herdenken (ww)	merayakan	[mɛrajakan]
gebeurtenis (de)	peristiwa	[pɛristiva]
evenement (het)	acara	[atʃara]
banket (het)	bankuet	[baŋkuet]
receptie (de)	jamuan makan	[dʒamuan makan]
feestmaal (het)	kenduri	[kɛnduri]
verjaardag (de)	ulang tahun	[ulaŋ tahun]
jubileum (het)	jubli	[dʒubli]
vieren (ww)	menyambut	[mɛɲjambut]
Nieuwjaar (het)	Tahun Baru	[tahun baru]
Gelukkig Nieuwjaar!	Selamat Tahun Baru!	[sɛlamat tahun baru]
Sinterklaas (de)	Santa Klaus	[santa klaus]
Kerstfeest (het)	Krismas	[krismas]
Vrolijk kerstfeest!	Selamat Hari Krismas!	[sɛlamat hari krismas]
kerstboom (de)	pokok Krismas	[pokok krismas]
vuurwerk (het)	pertunjukan bunga api	[pɛrtundʒukan buŋa api]
bruiloft (de)	majlis perkahwinan	[madʒlis pɛrkahvinan]
bruidegom (de)	pengantin lelaki	[pɛŋantin lɛlaki]
bruid (de)	pengantin perempuan	[pɛŋantin pɛrɛmpuan]
uitnodigen (ww)	menjemput	[mɛndʒɛmput]
uitnodiging (de)	kad jemputan	[kad dʒɛmputan]
gast (de)	tamu	[tamu]
op bezoek gaan	berkunjung	[bɛrkundʒuŋ]
gasten verwelkomen	menyambut tamu	[mɛɲjambut tamu]
geschenk, cadeau (het)	hadiah	[hadiah]
geven (iets cadeau ~)	menghadiahkan	[mɛnhadiahkan]
geschenken ontvangen	menerima hadiah	[mɛnɛrima hadiah]
boeket (het)	jambak bunga	[dʒambak buŋa]
felicitaties (mv.)	ucapan selamat	[uʧapan sɛlamat]
feliciteren (ww)	mengucapkan selamat	[mɛŋuʧapkan sɛlamat]
wenskaart (de)	kad ucapan selamat	[kad uʧapan sɛlamat]

| een kaartje versturen | mengirim poskad | [mɛŋirim poskad] |
| een kaartje ontvangen | menerima poskad | [mɛnɛrima poskad] |

toast (de)	roti bakar	[roti bakar]
aanbieden (een drankje ~)	menjamu	[mɛndʒamʊ]
champagne (de)	champagne	[ʃampeɪn]

plezier hebben (ww)	bersuka ria	[bɛrsʊka ria]
plezier (het)	keriangan	[kɛriaŋan]
vreugde (de)	kegembiraan	[kɛgɛmbira:n]

| dans (de) | tarian | [tarian] |
| dansen (ww) | menari | [mɛnari] |

| wals (de) | waltz | [volts] |
| tango (de) | tango | [taŋo] |

153. Begrafenissen. Begrafenis

kerkhof (het)	tanah perkuburan	[tanah pɛrkʊbʊran]
graf (het)	makam	[makam]
kruis (het)	salib	[salib]
grafsteen (de)	batu nisan	[batʊ nisan]
omheining (de)	pagar	[pagar]
kapel (de)	capel	[tʃapel]

dood (de)	kematian	[kɛmatian]
sterven (ww)	mati, meninggal	[mati], [mɛniŋgal]
overledene (de)	arwah	[arvah]
rouw (de)	perkabungan	[pɛrkabʊŋan]

begraven (ww)	mengebumikan	[mɛŋɛbʊmikan]
begrafenisonderneming (de)	rumah urus mayat	[rʊmah ʊrʊs majat]
begrafenis (de)	pemakaman	[pɛmakaman]

krans (de)	lingkaran bunga	[liŋkaran bʊŋa]
doodskist (de)	keranda	[kranda]
lijkwagen (de)	kereta jenazah	[kreta dʒɛnazah]
lijkkleed (de)	kafan	[kafan]

begrafenisstoet (de)	perarakan jenazah	[pɛrarakan dʒɛnazah]
urn (de)	bekas simpan abu mayat	[bɛkas simpan abʊ majat]
crematorium (het)	krematorium	[krematoriʊm]

overlijdensbericht (het)	berita takziah	[brita takziah]
huilen (wenen)	menangis	[mɛnaŋis]
snikken (huilen)	meratap	[mɛratap]

154. Oorlog. Soldaten

| peloton (het) | platun | [platʊn] |
| compagnie (de) | kompeni | [kompɛni] |

regiment (het)	rejimen	[redʒimen]
leger (armee)	tentera	[tɛntra]
divisie (de)	divisyen	[diviʃɛn]

| sectie (de) | pasukan | [pasʊkan] |
| troep (de) | tentera | [tɛntra] |

| soldaat (militair) | perajurit | [pradʒʊrit] |
| officier (de) | pegawai | [pɛgavaɪ] |

soldaat (rang)	prebet	[prebet]
sergeant (de)	sarjan	[sardʒan]
luitenant (de)	leftenan	[leftɛnan]

kapitein (de)	kapten	[kaptɛn]
majoor (de)	mejar	[medʒar]
kolonel (de)	kolonel	[kolonɛl]
generaal (de)	jeneral	[dʒɛnɛral]

matroos (de)	pelaut	[pɛlaʊt]
kapitein (de)	kapten	[kaptɛn]
bootsman (de)	nakhoda	[nakhoda]

artillerist (de)	anggota artileri	[aŋgota artilɛri]
valschermjager (de)	askar payung terjun	[askar payŋ tɛrdʒʊn]
piloot (de)	juruterbang	[dʒʊrʊtɛrbaŋ]
stuurman (de)	pemandu	[pɛmandʊ]
mecanicien (de)	mekanik	[mekanik]

sappeur (de)	askar jurutera	[askar dʒʊrʊtra]
parachutist (de)	ahli payung terjun	[ahli payŋ tɛrdʒʊn]
verkenner (de)	pengintip	[pɛŋintip]
scherpschutter (de)	penembak curi	[pɛnɛmbak tʃʊri]

patrouille (de)	peronda	[pɛronda]
patrouilleren (ww)	meronda	[mɛronda]
wacht (de)	pengawal	[pɛŋaval]

krijger (de)	askar	[askar]
held (de)	wira	[vira]
heldin (de)	srikandi	[srikandi]
patriot (de)	patriot	[patriot]

| verrader (de) | pengkhianat | [pɛŋkhianat] |
| verraden (ww) | mengkhianati | [mɛŋkhianati] |

| deserteur (de) | pembelot | [pɛmbelot] |
| deserteren (ww) | membelot | [mɛmbelot] |

huurling (de)	askar upahan	[askar ʊpahan]
rekruut (de)	rekrut	[rekrʊt]
vrijwilliger (de)	relawan	[relavan]

gedode (de)	terbunuh	[tɛrbʊnʊh]
gewonde (de)	orang cedera	[oraŋ tʃɛdɛra]
krijgsgevangene (de)	tawanan	[tavanan]

155. Oorlog. Militaire acties. Deel 1

oorlog (de)	perang	[praŋ]
oorlog voeren (ww)	berperang	[bɛrpraŋ]
burgeroorlog (de)	perang saudara	[praŋ saʊdara]

achterbaks (bw)	secara khianat	[sɛtʃara khianat]
oorlogsverklaring (de)	pengisytiharan perang	[pɛɲiʃtiharan praŋ]
verklaren (de oorlog ~)	mengisytiharkan perang	[mɛɲiʃtiharkan praŋ]
agressie (de)	pencerobohan	[pɛntʃɛrobohan]
aanvallen (binnenvallen)	menyerang	[mɛɲjeraŋ]

binnenvallen (ww)	menduduki	[mɛndʊdʊki]
invaller (de)	penduduk	[pɛndʊdʊk]
veroveraar (de)	penakluk	[pɛnaklʊk]

verdediging (de)	pertahanan	[pɛrtahanan]
verdedigen (je land ~)	mempertahankan	[mɛmpɛrtahaŋkan]
zich verdedigen (ww)	bertahan	[bɛrtahan]

vijand (de)	musuh	[mʊsʊh]
tegenstander (de)	lawan	[lavan]
vijandelijk (bn)	musuh	[mʊsʊh]

strategie (de)	strategi	[strategi]
tactiek (de)	taktik	[taktik]

order (de)	perintah	[printah]
bevel (het)	perintah	[printah]
bevelen (ww)	memerintah	[mɛmɛrintah]
opdracht (de)	tugas	[tʊgas]
geheim (bn)	rahsia	[rahsia]

strijd, slag (de)	pertempuran	[pɛrtɛmpʊran]
aanval (de)	serangan	[sɛraŋan]
bestorming (de)	serbuan	[sɛrbʊan]
bestormen (ww)	menyerbu	[mɛɲjerbʊ]
bezetting (de)	kepungan	[kɛpʊŋan]

aanval (de)	serangan	[sɛraŋan]
in het offensief te gaan	menyerang	[mɛɲjeraŋ]

terugtrekking (de)	pengunduran	[pɛŋʊndʊran]
zich terugtrekken (ww)	berundur	[bɛrʊndʊr]

omsingeling (de)	pengepungan	[pɛŋɛpʊŋan]
omsingelen (ww)	mengepung	[mɛŋɛpʊŋ]

bombardement (het)	pengeboman	[pɛŋɛboman]
een bom gooien	menggugurkan bom	[mɛŋgʊgʊrkan bom]
bombarderen (ww)	mengebom	[mɛŋebom]
ontploffing (de)	letupan	[lɛtʊpan]

schot (het)	tembakan	[tembakan]
een schot lossen	menembak	[mɛnembak]

schieten (het)	penembakan	[pɛnembakan]
mikken op (ww)	mengacu	[mɛŋatʃʊ]
aanleggen (een wapen ~)	menghalakan	[mɛŋhalakan]
treffen (doelwit ~)	kena	[kɛna]

zinken (tot zinken brengen)	menenggelamkan	[mɛnɛŋgɛlamkan]
kogelgat (het)	lubang	[lʊbaŋ]
zinken (gezonken zijn)	karam	[karam]

front (het)	medan pertempuran	[medan pɛrtɛmpʊran]
hinterland (het)	pedalaman	[pɛdalaman]
evacuatie (de)	pengungsian	[pɛŋʊŋsian]
evacueren (ww)	mengungsikan	[mɛŋʊŋsikan]

loopgraaf (de)	parit pertahanan	[parit pɛrtahanan]
prikkeldraad (de)	dawai berduri	[dawaɪ bɛrdʊri]
verdedigingsobstakel (het)	rintangan	[rintaŋan]
wachttoren (de)	menara	[mɛnara]

hospitaal (het)	hospital	[hospital]
verwonden (ww)	mencederakan	[mɛntʃɛdɛrakan]
wond (de)	cedera	[tʃɛdɛra]
gewonde (de)	orang cedera	[oraŋ tʃɛdɛra]
gewond raken (ww)	kena cedera	[kɛna tʃɛdɛra]
ernstig (~e wond)	parah	[parah]

156. Wapens

wapens (mv.)	senjata	[sɛndʒata]
vuurwapens (mv.)	senjata api	[sɛndʒata api]
koude wapens (mv.)	sejata tajam	[sɛdʒata tadʒam]

chemische wapens (mv.)	senjata kimia	[sɛndʒata kimia]
kern-, nucleair (bn)	nuklear	[nʊklear]
kernwapens (mv.)	senjata nuklear	[sɛndʒata nʊklear]

| bom (de) | bom | [bom] |
| atoombom (de) | bom atom | [bom atom] |

pistool (het)	pistol	[pistol]
geweer (het)	senapang	[sɛnapaŋ]
machinepistool (het)	submesin gan	[sʊbmesin gan]
machinegeweer (het)	mesin gan	[mesin gan]

loop (schietbuis)	muncung	[mʊntʃʊŋ]
loop (bijv. geweer met kortere ~)	laras	[laras]
kaliber (het)	kaliber	[kalibɛr]

trekker (de)	picu	[pitʃʊ]
korrel (de)	pembidik	[pɛmbidik]
magazijn (het)	kelopak peluru	[kɛlopak pɛlʊrʊ]
geweerkolf (de)	pangkal senapang	[paŋkal sɛnapaŋ]
granaat (handgranaat)	bom tangan	[bom taŋan]

explosieven (mv.)	bahan peletup	[bahan pɛlɛtʊp]
kogel (de)	peluru	[pɛlʊrʊ]
patroon (de)	kartrij	[kartridʒ]
lading (de)	isi	[isi]
ammunitie (de)	amunisi	[amʊnisi]

bommenwerper (de)	pengebom	[pɛŋebom]
straaljager (de)	jet pejuang	[dʒet pɛdʒuaŋ]
helikopter (de)	helikopter	[helikoptɛr]

afweergeschut (het)	meriam penangkis udara	[mɛrjam pɛnaŋkis ʊdara]
tank (de)	kereta kebal	[kreta kɛbal]
kanon (tank met een ~ van 76 mm)	meriam kereta kebal	[mɛrjam kreta kɛbal]

artillerie (de)	artileri	[artilɛri]
kanon (het)	meriam	[mɛrjam]
aanleggen (een wapen ~)	menghalakan	[mɛŋhalakan]

projectiel (het)	peluru	[pɛlʊrʊ]
mortiergranaat (de)	peluru mortar	[pɛlʊrʊ mortar]
mortier (de)	mortar	[mortar]
granaatscherf (de)	serpihan	[sɛrpihan]

duikboot (de)	kapal selam	[kapal sɛlam]
torpedo (de)	torpedo	[torpedo]
raket (de)	misail	[misaɪl]

laden (geweer, kanon)	mengisi	[mɛŋisi]
schieten (ww)	menembak	[mɛnembak]
richten op (mikken)	mengacu	[mɛŋatʃʊ]
bajonet (de)	mata sangkur	[mata saŋkʊr]

degen (de)	pedang rapier	[pɛdaŋ rapir]
sabel (de)	pedang saber	[pɛdaŋ saber]
speer (de)	tombak	[tombak]
boog (de)	panah	[panah]
pijl (de)	anak panah	[anak panah]
musket (de)	senapang lantak	[sɛnapaŋ lantak]
kruisboog (de)	busur silang	[bʊsʊr silaŋ]

157. Oude mensen

primitief (bn)	primitif	[primitif]
voorhistorisch (bn)	prasejarah	[prasɛdʒarah]
eeuwenoude (~ beschaving)	kuno	[kʊno]

Steentijd (de)	Zaman Batu	[zaman batʊ]
Bronstijd (de)	Zaman Gangsa	[zaman gaŋsa]
IJstijd (de)	Zaman Ais	[zaman aɪs]

stam (de)	puak	[pʊak]
menseneter (de)	kanibal	[kanibal]
jager (de)	pemburu	[pɛmbʊrʊ]

jagen (ww)	memburu	[mɛmbʊrʊ]
mammoet (de)	mamot	[mamot]

grot (de)	gua	[gʊa]
vuur (het)	api	[api]
kampvuur (het)	unggun api	[ʊŋgʊn api]
rotstekening (de)	lukisan gua	[lʊkisan gʊa]

werkinstrument (het)	alat kerja	[alat kɛrdʒa]
speer (de)	tombak	[tombak]
stenen bijl (de)	kapak batu	[kapak batʊ]
oorlog voeren (ww)	berperang	[bɛrpraŋ]
temmen (bijv. wolf ~)	menjinak	[mɛndʒinak]

idool (het)	berhala	[bɛrhala]
aanbidden (ww)	memuja	[mɛmʊdʒa]
bijgeloof (het)	kepercayaan karut	[kɛpɛrtʃaja:n karʊt]
ritueel (het)	upacara	[ʊpatʃara]

evolutie (de)	evolusi	[evolʊsi]
ontwikkeling (de)	perkembangan	[pɛrkɛmbaŋan]
verdwijning (de)	kehilangan	[kɛhilaŋan]
zich aanpassen (ww)	menyesuaikan diri	[mɛɲjesʊaɪkan diri]

archeologie (de)	arkeologi	[arkeologi]
archeoloog (de)	ahli arkeologi	[ahli arkeologi]
archeologisch (bn)	arkeologi	[arkeologi]

opgravingsplaats (de)	tapak ekskavasi	[tapak ekskavasi]
opgravingen (mv.)	ekskavasi	[ekskavasi]
vondst (de)	penemuan	[pɛnɛmʊan]
fragment (het)	petikan	[pɛtikan]

158. Middeleeuwen

volk (het)	rakyat	[rakjat]
volkeren (mv.)	bangsa-bangsa	[baŋsa baŋsa]
stam (de)	puak	[pʊak]
stammen (mv.)	puak-puak	[pʊak pʊak]

barbaren (mv.)	orang gasar	[oraŋ gasar]
Galliërs (mv.)	orang Gaul	[oraŋ gaʊl]
Goten (mv.)	orang Goth	[oraŋ got]
Slaven (mv.)	orang Slavonik	[oraŋ slavonik]
Vikings (mv.)	Viking	[vaɪkiŋ]

Romeinen (mv.)	orang Rom	[oraŋ rom]
Romeins (bn)	Rom	[rom]

Byzantijnen (mv.)	orang Byzantium	[oraŋ bizantiʊm]
Byzantium (het)	Byzantium	[bizantiʊm]
Byzantijns (bn)	Byzantium	[bizantiʊm]
keizer (bijv. Romeinse ~)	maharaja	[maharadʒa]
opperhoofd (het)	pemimpin	[pɛmimpin]

machtig (bn)	adi kuasa	[adi kʊasa]
koning (de)	raja	[radʒa]
heerser (de)	penguasa	[pɛŋwasa]
ridder (de)	kesatria	[ksatria]
feodaal (de)	feudal	[feʊdal]
feodaal (bn)	feudal	[feʊdal]
vazal (de)	vassal	[vasal]
hertog (de)	duke	[djyk]
graaf (de)	earl	[ørl]
baron (de)	baron	[baron]
bisschop (de)	uskup	[ʊskʊp]
harnas (het)	baju besi	[badʒʊ bɛsi]
schild (het)	perisai	[pɛrisaɪ]
zwaard (het)	pedang	[pɛdaŋ]
vizier (het)	vizor	[vizor]
maliënkolder (de)	baju zirah	[badʒʊ zirah]
kruistocht (de)	Perang Salib	[praŋ salib]
kruisvaarder (de)	salibi	[salibi]
gebied (bijv. bezette ~en)	wilayah	[vilajah]
aanvallen (binnenvallen)	menyerang	[mɛɲjeraŋ]
veroveren (ww)	menakluki	[mɛnaklʊki]
innemen (binnenvallen)	menduduki	[mɛndʊdʊki]
bezetting (de)	kepungan	[kɛpʊŋan]
bezet (bn)	terkepung	[tɛrkɛpʊŋ]
belegeren (ww)	mengepung	[mɛŋɛpʊŋ]
inquisitie (de)	pasitan	[pasitan]
inquisiteur (de)	ahli pasitan	[ahli pasitan]
foltering (de)	seksaan	[seksa:n]
wreed (bn)	kejam	[kɛdʒam]
ketter (de)	orang musyrik	[oraŋ mʊɕrik]
ketterij (de)	kemusyrikan	[kɛmʊɕrikan]
zeevaart (de)	pelayaran laut	[pɛlajaran laʊt]
piraat (de)	lanun	[lanʊn]
piraterij (de)	kegiatan melanun	[kɛgiatan mɛlanʊn]
enteren (het)	penyerbuan	[pɛɲjerbʊan]
buit (de)	penjarahan	[pɛndʒarahan]
schatten (mv.)	harta khazanah	[harta khazanah]
ontdekking (de)	penemuan	[pɛnɛmʊan]
ontdekken (bijv. nieuw land)	menemui	[mɛnɛmʊi]
expeditie (de)	ekspedisi	[ekspedisi]
musketier (de)	askar senapang lantak	[askar sɛnapaŋ lantak]
kardinaal (de)	kardinal	[kardinal]
heraldiek (de)	ilmu lambang	[ilmʊ lambaŋ]
heraldisch (bn)	heraldik	[heraldik]

159. Leider. Baas. Autoriteiten

koning (de)	raja	[radʒa]
koningin (de)	ratu	[ratʊ]
koninklijk (bn)	diraja	[diradʒa]
koninkrijk (het)	kerajaan	[kɛradʒaːn]
prins (de)	putera	[pʊtra]
prinses (de)	puteri	[pʊtri]
president (de)	presiden	[presiden]
vicepresident (de)	naib presiden	[naib presiden]
senator (de)	senator	[senator]
monarch (de)	raja	[radʒa]
heerser (de)	penguasa	[pɛŋwasa]
dictator (de)	diktator	[diktator]
tiran (de)	pezalim	[pɛzalim]
magnaat (de)	taikun	[taɪkʊn]
directeur (de)	pengarah	[pɛŋarah]
chef (de)	ketua	[kɛtʊa]
beheerder (de)	pengurus	[pɛŋʊrʊs]
baas (de)	bos	[bos]
eigenaar (de)	pemilik	[pɛmilik]
leider (de)	pemimpin	[pɛmimpin]
hoofd	kepala	[kɛpala]
(bijv. ~ van de delegatie)		
autoriteiten (mv.)	pihak berkuasa	[pihak bɛrkʊasa]
superieuren (mv.)	pihak atasan	[pihak atasan]
gouverneur (de)	gabnor	[gabnor]
consul (de)	konsul	[konsʊl]
diplomaat (de)	diplomat	[diplomat]
burgemeester (de)	datuk bandar	[datʊk bandar]
sheriff (de)	sheriff	[ʃərif]
keizer (bijv. Romeinse ~)	maharaja	[maharadʒa]
tsaar (de)	tsar, raja	[tsar], [radʒa]
farao (de)	firaun	[firaʊn]
kan (de)	khan	[khan]

160. De wet overtreden. Criminelen. Deel 1

bandiet (de)	samseng	[samsɛŋ]
misdaad (de)	jenayah	[dʒɛnajah]
misdadiger (de)	penjenayah	[pɛndʒɛnajah]
dief (de)	pencuri	[pɛntʃʊri]
stelen (ww)	mencuri	[mɛntʃʊri]
stelen, diefstal (de)	pencurian	[pɛntʃʊrian]
kidnappen (ww)	menculik	[mɛntʃʊlik]

kidnapping (de)	penculikan	[pɛntʃulikan]
kidnapper (de)	penculik	[pɛntʃulik]
losgeld (het)	wang tebusan	[vaŋ tɛbusan]
eisen losgeld (ww)	menuntut wang tebusan	[mɛnuntut vaŋ tɛbusan]
overvallen (ww)	merampok	[mɛrampok]
overval (de)	perampokan	[pɛrampokan]
overvaller (de)	perampok	[pɛrampok]
afpersen (ww)	memeras ugut	[mɛmɛras ugut]
afperser (de)	pemeras ugut	[pɛmɛras ugut]
afpersing (de)	peras ugut	[pɛras ugut]
vermoorden (ww)	membunuh	[mɛmbunuh]
moord (de)	pembunuhan	[pɛmbunuhan]
moordenaar (de)	pembunuh	[pɛmbunuh]
schot (het)	tembakan	[tembakan]
een schot lossen	melepalkan tembakan	[mɛlɛpaskan tembakan]
neerschieten (ww)	menembak mati	[mɛnembak mati]
schieten (ww)	menembak	[mɛnembak]
schieten (het)	penembakan	[pɛnembakan]
ongeluk (gevecht, enz.)	kejadian	[kɛdʒadian]
gevecht (het)	perkelahian	[pɛrkɛlahian]
Help!	Tolong!	[toloŋ]
slachtoffer (het)	mangsa	[maŋsa]
beschadigen (ww)	merosak	[mɛrosak]
schade (de)	rugi	[rugi]
lijk (het)	bangkai	[baŋkaɪ]
zwaar (~ misdrijf)	berat	[brat]
aanvallen (ww)	menyerang	[mɛɲeraŋ]
slaan (iemand ~)	memukul	[mɛmukul]
in elkaar slaan (toetakelen)	memukul-mukul	[mɛmukul mukul]
ontnemen (beroven)	merebut	[mɛrɛbut]
steken (met een mes)	menikam mati	[mɛnikam mati]
verminken (ww)	mencacatkan	[mɛntʃatʃatkan]
verwonden (ww)	mencederakan	[mɛntʃɛdɛrakan]
chantage (de)	peras ugut	[pɛras ugut]
chanteren (ww)	memeras ugut	[mɛmɛras ugut]
chanteur (de)	pemeras ugut	[pɛmɛras ugut]
afpersing (de)	peras ugut wang perlindungan	[pɛras ugut vaŋ perlinduŋan]
afperser (de)	pemeras ugut wang perlindungan	[pɛmɛras ugut vaŋ perlinduŋan]
gangster (de)	gengster	[geŋstɛr]
maffia (de)	mafia	[mafia]
kruimeldief (de)	penyeluk saku	[pɛɲeluk saku]
inbreker (de)	pemecah rumah	[pɛmɛtʃah rumah]
smokkelen (het)	penyeludupan	[pɛɲeludupan]

smokkelaar (de)	penyeludup	[pɛɲjeludup]
namaak (de)	pemalsuan	[pɛmalsuan]
namaken (ww)	memalsukan	[mɛmalsukan]
namaak-, vals (bn)	palsu	[palsu]

161. De wet overtreden. Criminelen. Deel 2

verkrachting (de)	pemerkosaan	[pɛmɛrkosaːn]
verkrachten (ww)	memerkosa	[mɛmɛrkosa]
verkrachter (de)	pemerkosa	[pɛmɛrkosa]
maniak (de)	maniak	[maniak]

prostituee (de)	pelacur	[pɛlatʃur]
prostitutie (de)	pelacuran	[pɛlatʃuran]
pooier (de)	bapa ayam	[bapa ajam]

| drugsverslaafde (de) | penagih dadah | [pɛnagih dadah] |
| drugshandelaar (de) | pengedar dadah | [pɛŋedar dadah] |

opblazen (ww)	meletupkan	[mɛlɛtupkan]
explosie (de)	letupan	[lɛtupan]
in brand steken (ww)	membakar	[mɛmbakar]
brandstichter (de)	pelaku kebakaran	[pɛlaku kɛbakaran]

terrorisme (het)	keganasan	[keganasan]
terrorist (de)	pengganas	[pɛŋganas]
gijzelaar (de)	tebusan	[tɛbusan]

bedriegen (ww)	menipu	[mɛnipu]
bedrog (het)	penipuan	[pɛnipuan]
oplichter (de)	penipu	[pɛnipu]

omkopen (ww)	menyuap	[mɛɲjyap]
omkoperij (de)	penyuapan	[pɛɲjyapan]
smeergeld (het)	suapan	[suapan]

vergif (het)	racun	[ratʃun]
vergiftigen (ww)	meracuni	[mɛratʃuni]
vergif innemen (ww)	bunuh diri makan racun	[bunuh diri makan ratʃun]

| zelfmoord (de) | bunuh diri | [bunuh diri] |
| zelfmoordenaar (de) | pembunuh diri | [pɛmbunuh diri] |

bedreigen (bijv. met een pistool)	mengugut	[mɛŋugut]
bedreiging (de)	ugutan	[ugutan]
een aanslag plegen	mencuba	[mɛntʃuba]
aanslag (de)	percubaan membunuh	[pɛrtʃubaːn mɛmbunuh]

| stelen (een auto) | melarikan | [mɛlarikan] |
| kapen (een vliegtuig) | membajak | [mɛmbadʒak] |

| wraak (de) | dendam | [dɛndam] |
| wreken (ww) | mendendam | [mɛndɛndam] |

martelen (gevangenen)	menyeksa	[mɛɲjeksa]
foltering (de)	seksaan	[seksaːn]
folteren (ww)	menyeksa	[mɛɲjeksa]

piraat (de)	lanun	[lanʊn]
straatschender (de)	kaki gaduh	[kaki gadʊh]
gewapend (bn)	bersenjata	[bɛrsɛndʒata]
geweld (het)	kekerasan	[kɛkɛrasan]
onwettig (strafbaar)	ilegal	[ilegal]

| spionage (de) | pengintipan | [pɛɲintipan] |
| spioneren (ww) | mengintip | [mɛɲintip] |

162. Politie. Wet. Deel 1

| gerecht (het) | keadilan | [kɛadilan] |
| gerechtshof (het) | mahkamah | [mahkamah] |

rechter (de)	hakim	[hakim]
jury (de)	ahli juri	[ahli dʒʊri]
juryrechtspraak (de)	juri	[dʒʊri]
berechten (ww)	mengadili	[mɛɲadili]

advocaat (de)	peguam	[pɛgʊam]
beklaagde (de)	tertuduh	[tɛrtʊdʊh]
beklaagdenbank (de)	kandang orang tertuduh	[kandaŋ oraŋ tɛrtʊdʊh]

| beschuldiging (de) | tuduhan | [tʊdʊhan] |
| beschuldigde (de) | tertuduh | [tɛrtʊdʊh] |

| vonnis (het) | hukuman | [hʊkʊman] |
| veroordelen (in een rechtszaak) | menjatuhkan hukuman | [mɛndʒatʊhkan hʊkʊman] |

schuldige (de)	pesalah	[pɛsalah]
straffen (ww)	menghukum	[mɛŋhʊkʊm]
bestraffing (de)	hukuman	[hʊkʊman]

boete (de)	denda	[dɛnda]
levenslange opsluiting (de)	penjara seumur hidup	[pɛndʒara sɛumʊr hidʊp]
doodstraf (de)	hukuman mati	[hʊkʊman mati]
elektrische stoel (de)	kerusi elektrik	[krʊsi elektrik]
schavot (het)	tali gantung	[tali gantʊŋ]

| executeren (ww) | menjalankan hukuman mati | [mɛndʒalaŋkan hʊkʊman mati] |
| executie (de) | hukuman | [hʊkʊman] |

| gevangenis (de) | penjara | [pɛndʒara] |
| cel (de) | sel | [sel] |

konvooi (het)	pengiring	[pɛɲiriŋ]
gevangenisbewaker (de)	warden	[vardɛn]
gedetineerde (de)	tahanan	[tahanan]

handboeien (mv.)	gari	[gari]
handboeien omdoen	mengenakan gari	[mɛŋɛnakan gari]

ontsnapping (de)	pelarkan	[pɛlarian]
ontsnappen (ww)	melarikan diri	[mɛlarikan diri]
verdwijnen (ww)	hilang	[hilaŋ]
vrijlaten (uit de gevangenis)	melepaskan	[mɛlɛpaskan]
amnestie (de)	pengampunan	[pɛŋampʊnan]

politie (de)	polis	[polis]
politieagent (de)	anggota polis	[aŋgota polis]
politiebureau (het)	balai polis	[balaɪ polis]
knuppel (de)	belantan getah	[bɛlantan gɛtah]
megafoon (de)	corong suara	[ʧoroŋ sʊara]

patrouilleerwagen (de)	kereta peronda	[kreta pɛronda]
sirene (de)	siren	[sirɛn]
de sirene aansteken	menghidupkan siren	[mɛŋhidʊpkan sirɛn]
geloei (het) van de sirene	bunyi penggera	[bʊɲi pɛŋgera]

plaats delict (de)	tempat kelakuan jenayah	[tɛmpat kɛlakʊan ʤɛnajah]
getuige (de)	saksi	[saksi]
vrijheid (de)	kebebasan	[kɛbɛbasan]
handlanger (de)	subahat	[sʊbahat]
ontvluchten (ww)	melarikan diri	[mɛlarikan diri]
spoor (het)	jejak	[ʤɛʤak]

163. Politie. Wet. Deel 2

opsporing (de)	pencarian	[pɛnʧarian]
opsporen (ww)	mencari	[mɛnʧari]
verdenking (de)	kecurigaan	[kɛʧʊriga:n]
verdacht (bn)	mencurigakan	[mɛnʧʊrigakan]
aanhouden (stoppen)	menghentikan	[mɛŋhɛntikan]
tegenhouden (ww)	menahan	[mɛnahan]

strafzaak (de)	kes	[kes]
onderzoek (het)	siasatan	[siasatan]
detective (de)	mata-mata gelap	[mata mata gɛlap]
onderzoeksrechter (de)	penyiasat	[pɛɲiasat]
versie (de)	versi	[vɛrsi]

motief (het)	motif	[motif]
verhoor (het)	soal siasat	[soal siasat]
ondervragen (door de politie)	menyoal siasat	[mɛɲoal siasat]
ondervragen (omstanders ~)	menyoal selidik	[mɛɲoal sɛlidik]
controle (de)	pemeriksaan	[pɛmɛriksa:n]

razzia (de)	penyergapan	[pɛɲjergapan]
huiszoeking (de)	penggeledahan	[pɛŋgɛledahan]
achtervolging (de)	pemburuan	[pɛmbʊrʊan]
achtervolgen (ww)	mengejar	[mɛŋeʤar]
opsporen (ww)	mengesan	[mɛŋesan]
arrest (het)	penahanan	[pɛnahanan]

arresteren (ww)	menahan	[mɛnahan]
vangen, aanhouden (een dief, enz.)	menangkap	[mɛnaŋkap]
aanhouding (de)	penangkapan	[pɛnaŋkapan]
document (het)	bokumen	[bokʊmen]
bewijs (het)	bukti	[bʊkti]
bewijzen (ww)	membukti	[mɛmbʊkti]
voetspoor (het)	jejak	[dʒɛdʒak]
vingerafdrukken (mv.)	cap jari	[tʃap dʒari]
bewijs (het)	bukti	[bʊkti]
alibi (het)	alibi	[alibi]
onschuldig (bn)	tidak bersalah	[tidak bɛrsalah]
onrecht (het)	ketidakadilan	[kɛtidakadilan]
onrechtvaardig (bn)	tidak adil	[tidak adil]
crimineel (bn)	jenayah	[dʒɛnajah]
confisqueren (in beslag nemen)	menyita	[mɛɲita]
drug (de)	najis dadah	[nadʒis dadah]
wapen (het)	senjata	[sɛndʒata]
ontwapenen (ww)	melucutkan senjata	[mɛlʊtʃʊtkan sɛndʒata]
bevelen (ww)	memerintah	[mɛmɛrintah]
verdwijnen (ww)	hilang	[hilaŋ]
wet (de)	undang-undang	[ʊndaŋ ʊndaŋ]
wettelijk (bn)	sah	[sah]
onwettelijk (bn)	tidak sah	[tidak sah]
verantwoordelijkheid (de)	tanggungjawab	[taŋgʊndʒavab]
verantwoordelijk (bn)	bertanggungjawab	[bɛrtaŋgʊndʒavab]

NATUUR

De Aarde. Deel 1

164. De kosmische ruimte

kosmos (de)	angkasa lepas	[aŋkasa lɛpas]
kosmisch (bn)	angkasa lepas	[aŋkasa lɛpas]
kosmische ruimte (de)	ruang angkasa lepas	[rʊaŋ aŋkasa lɛpas]
wereld (de), heelal (het)	alam semesta	[alam sɛmɛsta]
wereld (de)	dunia	[dʊnia]
sterrenstelsel (het)	Bimasakti	[bimasakti]
ster (de)	bintang	[bintaŋ]
sterrenbeeld (het)	gugusan bintang	[gʊgʊsan bintaŋ]
planeet (de)	planet	[planet]
satelliet (de)	satelit	[satɛlit]
meteoriet (de)	meteorit	[meteorit]
komeet (de)	komet	[komet]
asteroïde (de)	asteroid	[asteroid]
baan (de)	edaran, orbit	[edaran], [orbit]
draaien (om de zon, enz.)	berputar	[bɛrpʊtar]
atmosfeer (de)	udara	[ʊdara]
Zon (de)	Matahari	[matahari]
zonnestelsel (het)	tata surya	[tata sʊrja]
zonsverduistering (de)	gerhana matahari	[gɛrhana matahari]
Aarde (de)	Bumi	[bʊmi]
Maan (de)	Bulan	[bʊlan]
Mars (de)	Marikh	[marikh]
Venus (de)	Zuhrah	[zʊhrah]
Jupiter (de)	Musytari	[mʊʃtari]
Saturnus (de)	Zuhal	[zʊhal]
Mercurius (de)	Utarid	[ʊtarid]
Uranus (de)	Uranus	[ʊranʊs]
Neptunus (de)	Waruna	[varʊna]
Pluto (de)	Pluto	[plʊto]
Melkweg (de)	Bima Sakti	[bima sakti]
Grote Beer (de)	Bintang Biduk	[bintaŋ bidʊk]
Poolster (de)	Bintang Utara	[bintaŋ ʊtara]
marsmannetje (het)	makhluk dari Marikh	[mahlʊk dari marih]
buitenaards wezen (het)	makhluk ruang angkasa	[makhlʊk rʊaŋ aŋkasa]

bovenaards (het)	makhluk asing	[mahlʊk asiŋ]
vliegende schotel (de)	piring terbang	[piriŋ tɛrbaŋ]
ruimtevaartuig (het)	kapal angkasa lepas	[kapal aŋkasa lɛpas]
ruimtestation (het)	stesen orbit angkasa	[stesen orbit aŋkasa]
start (de)	pelancaran	[pɛlantʃaran]
motor (de)	enjin	[endʒin]
straalpijp (de)	muncung	[mʊntʃʊŋ]
brandstof (de)	bahan bakar	[bahan bakar]
cabine (de)	kokpit	[kokpit]
antenne (de)	aerial	[aerial]
patrijspoort (de)	tingkap kapal	[tiŋkap kapal]
zonnebatterij (de)	sel surya	[sel sʊrja]
ruimtepak (het)	pakaian angkasawan	[pakajan aŋkasavan]
gewichtloosheid (de)	keadaan graviti sifar	[kɛada:n graviti sifar]
zuurstof (de)	oksigen	[oksigɛn]
koppeling (de)	percantuman	[pɛrtʃantʊman]
koppeling maken	melakukan cantuman	[mɛlakʊkan tʃantʊman]
observatorium (het)	balai cerap	[balaɪ tʃɛrap]
telescoop (de)	teleskop	[teleskop]
waarnemen (ww)	menyaksikan	[mɛɲjaksikan]
exploreren (ww)	menjelajahi	[mɛndʒɛladʒahi]

165. De Aarde

Aarde (de)	Bumi	[bʊmi]
aardbol (de)	bola Bumi	[bola bʊmi]
planeet (de)	planet	[planet]
atmosfeer (de)	udara	[ʊdara]
aardrijkskunde (de)	geografi	[geografi]
natuur (de)	alam	[alam]
wereldbol (de)	glob	[glob]
kaart (de)	peta	[pɛta]
atlas (de)	atlas	[atlas]
Europa (het)	Eropah	[eropa]
Azië (het)	Asia	[asia]
Afrika (het)	Afrika	[afrika]
Australië (het)	Australia	[aʊstralia]
Amerika (het)	Amerika	[amerika]
Noord-Amerika (het)	Amerika Utara	[amerika ʊtara]
Zuid-Amerika (het)	Amerika Selatan	[amerika sɛlatan]
Antarctica (het)	Antartika	[antartika]
Arctis (de)	Artik	[artik]

166. Windrichtingen

noorden (het)	utara	[ʊtara]
naar het noorden	ke utara	[kɛ ʊtara]
in het noorden	di utara	[di ʊtara]
noordelijk (bn)	utara	[ʊtara]
zuiden (het)	selatan	[sɛlatan]
naar het zuiden	ke selatan	[kɛ sɛlatan]
in het zuiden	di selatan	[di sɛlatan]
zuidelijk (bn)	selatan	[sɛlatan]
westen (het)	barat	[barat]
naar het westen	ke barat	[kɛ barat]
in het westen	di barat	[di barat]
westelijk (bn)	barat	[barat]
oosten (het)	timur	[timʊr]
naar het oosten	ke timur	[kɛ timʊr]
in het oosten	di timur	[di timʊr]
oostelijk (bn)	timur	[timʊr]

167. Zee. Oceaan

zee (de)	laut	[laʊt]
oceaan (de)	lautan	[laʊtan]
golf (baai)	teluk	[tɛlʊk]
straat (de)	selat	[sɛlat]
grond (vaste grond)	daratan	[daratan]
continent (het)	benua	[bɛnʊa]
eiland (het)	pulau	[pʊlaʊ]
schiereiland (het)	semenanjung	[sɛmɛnandʒʊŋ]
archipel (de)	kepulauan	[kɛpʊlawan]
baai, bocht (de)	teluk	[tɛlʊk]
haven (de)	pelabuhan	[pɛlabʊhan]
lagune (de)	lagun	[lagʊn]
kaap (de)	tanjung	[tandʒʊŋ]
atol (de)	pulau cincin	[pʊlaʊ tʃintʃin]
rif (het)	terumbu	[tɛrʊmbʊ]
koraal (het)	karang	[karaŋ]
koraalrif (het)	terumbu karang	[tɛrʊmbʊ karaŋ]
diep (bn)	dalam	[dalam]
diepte (de)	kedalaman	[kɛdalaman]
diepzee (de)	jurang	[dʒʊraŋ]
trog (bijv. Marianentrog)	jurang	[dʒʊraŋ]
stroming (de)	arus	[arʊs]
omspoelen (ww)	bersempadan	[bɛrsɛmpadan]

oever (de)	pantai	[pantaɪ]
kust (de)	pantai	[pantaɪ]
vloed (de)	air pasang	[air pasaŋ]
eb (de)	air surut	[air sʊrʊt]
ondiepte (ondiep water)	beting	[bɛtiŋ]
bodem (de)	dasar	[dasar]
golf (hoge ~)	gelombang	[gɛlombaŋ]
golfkam (de)	puncak gelombang	[pʊntʃak gɛlombaŋ]
schuim (het)	buih	[bʊih]
storm (de)	badai	[badaɪ]
orkaan (de)	badai, taufan	[badaɪ], [taʊfan]
tsunami (de)	tsunami	[ʦʊnami]
windstilte (de)	angin mati	[aŋin mati]
kalm (bijv. ~e zee)	tenang	[tɛnaŋ]
pool (de)	khutub	[khʊtʊb]
polair (bn)	polar	[polar]
breedtegraad (de)	garisan lintang	[garisan lintaŋ]
lengtegraad (de)	garisan bujur	[garisan bʊdʒʊr]
parallel (de)	garisan latitud	[garisan latitʊd]
evenaar (de)	khatulistiwa	[khatʊlistiva]
hemel (de)	langit	[laŋit]
horizon (de)	kaki langit	[kaki laŋit]
lucht (de)	udara	[ʊdara]
vuurtoren (de)	rumah api	[rʊmah api]
duiken (ww)	menyelam	[mɛɲjelam]
zinken (ov. een boot)	karam	[karam]
schatten (mv.)	harta karun	[harta karʊn]

168. Bergen

berg (de)	gunung	[gʊnʊŋ]
bergketen (de)	banjaran gunung	[bandʒaran gʊnʊŋ]
gebergte (het)	rabung gunung	[rabʊŋ gʊnʊŋ]
bergtop (de)	puncak	[pʊntʃak]
bergpiek (de)	puncak	[pʊntʃak]
voet (ov. de berg)	kaki	[kaki]
helling (de)	cerun	[tʃɛrʊn]
vulkaan (de)	gunung berapi	[gʊnʊŋ bɛrapi]
actieve vulkaan (de)	gunung berapi hidup	[gʊnʊŋ bɛrapi hidʊp]
uitgedoofde vulkaan (de)	gunung api yang tidak aktif	[gʊnʊŋ api jaŋ tidak aktif]
uitbarsting (de)	letusan	[lɛtʊsan]
krater (de)	kawah	[kavah]
magma (het)	magma	[magma]
lava (de)	lahar	[lahar]

gloeiend (~e lava)	pijar	[pidʒar]
kloof (canyon)	kanyon	[kaɲon]
bergkloof (de)	jurang	[dʒuraŋ]
spleet (de)	krevis	[krevis]
afgrond (de)	jurang	[dʒuraŋ]

bergpas (de)	genting	[gɛntiŋ]
plateau (het)	penara	[pɛnara]
klip (de)	cenuram	[ʧɛnʊram]
heuvel (de)	bukit	[bʊkit]

gletsjer (de)	glasier	[glasier]
waterval (de)	air terjun	[air tɛrdʒʊn]
geiser (de)	pancutan air panas	[panʧutan air panas]
meer (het)	tasik	[tasik]

vlakte (de)	dataran	[dataran]
landschap (het)	pemandangan	[pɛmandaɲan]
echo (de)	kumandang	[kʊmandaŋ]

alpinist (de)	pendaki gunung	[pɛndaki gʊnʊŋ]
bergbeklimmer (de)	pendaki batu	[pɛndaki batʊ]
trotseren (berg ~)	menaklukkan	[mɛnaklʊkkan]
beklimming (de)	pendakian	[pɛndakian]

169. Rivieren

rivier (de)	sungai	[sʊŋaɪ]
bron (~ van een rivier)	mata air	[mata air]
riverbedding (de)	dasar sungai	[dasar sʊŋaɪ]
rivierbekken (het)	lembah sungai	[lɛmbah sʊŋaɪ]
uitmonden in …	bermuara	[bɛrmʊara]

zijrivier (de)	anak sungai	[anak sʊŋaɪ]
oever (de)	tepi	[tepi]

stroming (de)	arus	[arʊs]
stroomafwaarts (bw)	ke hilir	[kɛ hilir]
stroomopwaarts (bw)	ke hulu	[kɛ hʊlʊ]

overstroming (de)	banjir	[bandʒir]
overstroming (de)	air bah	[air bah]
buiten zijn oevers treden	meluap	[mɛlʊap]
overstromen (ww)	menggenangi	[mɛŋgenaɲi]

zandbank (de)	beting	[bɛtiŋ]
stroomversnelling (de)	jeram	[dʒɛram]

dam (de)	empangan	[ɛmpaŋan]
kanaal (het)	terusan	[tɛrʊsan]
spaarbekken (het)	takungan	[takʊŋan]
sluis (de)	pintu air	[pintʊ air]
waterlichaam (het)	kolam	[kolam]
moeras (het)	bencah	[bɛnʧah]

| broek (het) | paya | [paja] |
| draaikolk (de) | pusaran air | [pʊsaran air] |

stroom (de)	anak sungai	[anak sʊŋaɪ]
drink- (abn)	minum	[minʊm]
zoet (~ water)	tawar	[tavar]

| IJs (het) | ais | [aɪs] |
| bevriezen (rivier, enz.) | membeku | [mɛmbɛkʊ] |

170. Bos

| bos (het) | hutan | [hʊtan] |
| bos- (abn) | hutan | [hʊtan] |

oerwoud (dicht bos)	hutan lebat	[hʊtan lɛbat]
bosje (klein bos)	hutan kecil	[hʊtan kɛtʃil]
open plek (de)	cerang	[ʧɛraŋ]

| struikgewas (het) | belukar | [bɛlʊkar] |
| struiken (mv.) | pokok renek | [pokok renek] |

| paadje (het) | jalan setapak | [dʒalan sɛtapak] |
| ravijn (het) | gaung | [gaʊŋ] |

boom (de)	pokok	[pokok]
blad (het)	daun	[daʊn]
gebladerte (het)	daun-daunan	[daʊn daʊnan]

vallende bladeren (mv.)	daun luruh	[daʊn lʊrʊh]
vallen (ov. de bladeren)	gugur	[gʊgʊr]
boomtop (de)	puncak	[pʊnʧak]

tak (de)	cabang	[ʧabaŋ]
ent (de)	dahan	[dahan]
knop (de)	mata tunas	[mata tʊnas]
naald (de)	jejarum	[dʒɛdʒarʊm]
dennenappel (de)	buah konifer	[bʊah konifer]

boom holte (de)	lubang	[lʊbaŋ]
nest (het)	sarang	[saraŋ]
hol (het)	lubang	[lʊbaŋ]

stam (de)	batang	[bataŋ]
wortel (bijv. boom~s)	akar	[akar]
schors (de)	kulit	[kʊlit]
mos (het)	lumut	[lʊmʊt]

ontwortelen (een boom)	mencabut	[mɛnʧabʊt]
kappen (een boom ~)	menebang	[mɛnɛbaŋ]
ontbossen (ww)	membasmi hutan	[mɛmbasmi hʊtan]
stronk (de)	tunggul	[tʊŋgʊl]
kampvuur (het)	unggun api	[ʊŋgʊn api]
bosbrand (de)	kebakaran	[kɛbakaran]

blussen (ww)	memadamkan	[mɛmadamkan]
boswachter (de)	renjer hutan	[rendʒɛr hʊtan]
bescherming (de)	perlindungan	[pɛrlindʊŋan]
beschermen (bijv. de natuur ~)	melindungi	[mɛlindʊŋi]
stroper (de)	penebang haram	[pɛnɛbaŋ haram]
val (de)	perangkap	[praŋkap]
plukken (vruchten, enz.)	memetik	[mɛmɛtik]
verdwalen (de weg kwijt zijn)	sesat jalan	[sɛsat dʒalan]

171. Natuurlijke hulpbronnen

natuurlijke rijkdommen (mv.)	kekayaan alam	[kɛkaja:n alam]
delfstoffen (mv.)	galian	[galian]
lagen (mv.)	mendapan	[mɛndapan]
veld (bijv. olie~)	lapangan	[lapaŋan]
winnen (uit erts ~)	melombong	[mɛlomboŋ]
winning (de)	perlombongan	[pɛrlomboŋan]
erts (het)	bijih	[bidʒih]
mijn (bijv. kolenmijn)	lombong	[lomboŋ]
mijnschacht (de)	lombong	[lomboŋ]
mijnwerker (de)	buruh lombong	[bʊrʊh lomboŋ]
gas (het)	gas	[gas]
gasleiding (de)	talian paip gas	[talian paɪp gas]
olie (aardolie)	minyak	[miɲak]
olieleiding (de)	saluran paip minyak	[salʊran paɪp miɲak]
oliebron (de)	telaga minyak	[tɛlaga miɲak]
boortoren (de)	menara minyak	[mɛnara miɲak]
tanker (de)	kapal tangki	[kapal taŋki]
zand (het)	pasir	[pasir]
kalksteen (de)	kapur	[kapʊr]
grind (het)	kerikil	[kɛrikil]
veen (het)	gambut	[gambʊt]
klei (de)	tanah liat	[tanah liat]
steenkool (de)	arang	[araŋ]
IJzer (het)	besi	[bɛsi]
goud (het)	emas	[ɛmas]
zilver (het)	perak	[perak]
nikkel (het)	nikel	[nikɛl]
koper (het)	tembaga	[tɛmbaga]
zink (het)	zink	[ziŋk]
mangaan (het)	mangan	[maŋan]
kwik (het)	air raksa	[air raksa]
lood (het)	timah hitam	[timah hitam]
mineraal (het)	galian	[galian]
kristal (het)	hablur	[hablʊr]

| marmer (het) | **pualam** | [pʊalam] |
| uraan (het) | **uranium** | [ʊraniʊm] |

De Aarde. Deel 2

172. Weer

weer (het)	cuaca	[tʃʊatʃa]
weersvoorspelling (de)	ramalan cuaca	[ramalan tʃʊatʃa]
temperatuur (de)	suhu	[sʊhʊ]
thermometer (de)	termometer	[tɛrmomɛtɛr]
barometer (de)	barometer	[baromɛtɛr]
vochtig (bn)	lembap	[lɛmbap]
vochtigheid (de)	kelembapan	[kɛlɛmbapan]
hitte (de)	panas terik	[panas tɛrik]
heet (bn)	panas terik	[panas tɛrik]
het is heet	panas	[panas]
het is warm	panas	[panas]
warm (bn)	hangat	[haŋat]
het is koud	cuaca sejuk	[tʃʊatʃa sɛdʒʊk]
koud (bn)	sejuk	[sɛdʒʊk]
zon (de)	matahari	[matahari]
schijnen (de zon)	bersinar	[bɛrsinar]
zonnig (~e dag)	cerah	[tʃɛrah]
opgaan (ov. de zon)	terbit	[tɛrbit]
ondergaan (ww)	duduk	[dʊdʊk]
wolk (de)	awan	[avan]
bewolkt (bn)	berawan	[bɛravan]
regenwolk (de)	awan mendung	[avan mɛndʊŋ]
somber (bn)	mendung	[mɛndʊŋ]
regen (de)	hujan	[hʊdʒan]
het regent	hujan turun	[hʊdʒan tʊrʊn]
regenachtig (bn)	hujan	[hʊdʒan]
motregenen (ww)	renyai-renyai	[rɛɲai rɛɲai]
plensbui (de)	hujan lebat	[hʊdʒan lɛbat]
stortbui (de)	hujan lebat	[hʊdʒan lɛbat]
hard (bn)	lebat	[lɛbat]
plas (de)	lopak	[lopak]
nat worden (ww)	kebasahan	[kɛbasahan]
mist (de)	kabus	[kabʊs]
mistig (bn)	berkabus	[bɛrkabʊs]
sneeuw (de)	salji	[saldʒi]
het sneeuwt	salji turun	[saldʒi tʊrʊn]

173. Zwaar weer. Natuurrampen

noodweer (storm)	hujan ribut	[hʊdʒan ribʊt]
bliksem (de)	kilat	[kilat]
flitsen (ww)	berkilau	[bɛrkilaʊ]

donder (de)	guruh	[gʊrʊh]
donderen (ww)	bergemuruh	[bɛrgɛmʊrʊh]
het dondert	guruh berbunyi	[gʊrʊh bɛrbʊɲi]

| hagel (de) | hujan batu | [hʊdʒan batʊ] |
| het hagelt | hujan batu turun | [hʊdʒan batʊ tʊrʊn] |

| overstromen (ww) | menggenangi | [mɛŋgɛnaŋi] |
| overstroming (de) | banjir | [bandʒir] |

aardbeving (de)	gempa bumi	[gɛmpa bʊmi]
aardschok (de)	gegaran	[gɛgaran]
epicentrum (het)	titik	[titik]

| uitbarsting (de) | letusan | [lɛtʊsan] |
| lava (de) | lahar | [lahar] |

wervelwind (de)	puting beliung	[pʊtiŋ bɛliʊŋ]
windhoos (de)	tornado	[tornado]
tyfoon (de)	taufan	[taʊfan]

orkaan (de)	badai, taufan	[badaɪ], [taʊfan]
storm (de)	badai	[badaɪ]
tsunami (de)	tsunami	[tsʊnami]

cycloon (de)	siklon	[siklon]
onweer (het)	cuaca buruk	[tʃʊatʃa bʊrʊk]
brand (de)	kebakaran	[kɛbakaran]
ramp (de)	bencana	[bɛntʃana]
meteoriet (de)	meteorit	[meteorit]

lawine (de)	runtuhan	[rʊntʊhan]
sneeuwverschuiving (de)	salji runtuh	[saldʒi rʊntʊh]
sneeuwjacht (de)	badai salji	[badaɪ saldʒi]
sneeuwstorm (de)	ribut salji	[ribʊt saldʒi]

Fauna

174. Zoogdieren. Roofdieren

roofdier (het)	pemangsa	[pɛmaŋsa]
tijger (de)	harimau	[harimaʊ]
leeuw (de)	singa	[siŋa]
wolf (de)	serigala	[srigala]
vos (de)	rubah	[rʊbah]
jaguar (de)	jaguar	[dʒagʊar]
luipaard (de)	harimau akar	[harimaʊ akar]
jachtluipaard (de)	harimau bintang	[harimaʊ bintaŋ]
panter (de)	harimau kumbang	[harimaʊ kʊmbaŋ]
poema (de)	puma	[pʊma]
sneeuwluipaard (de)	harimau bintang salji	[harimaʊ bintaŋ saldʒi]
lynx (de)	lynx	[liŋks]
coyote (de)	koyote	[koɪot]
jakhals (de)	jakal	[dʒakal]
hyena (de)	dubuk	[dʊbʊk]

175. Wilde dieren

dier (het)	binatang	[binataŋ]
beest (het)	binatang liar	[binataŋ liar]
eekhoorn (de)	tupai	[tʊpaɪ]
egel (de)	landak susu	[landak sʊsʊ]
haas (de)	kelinci	[kɛlintʃi]
konijn (het)	arnab	[arnab]
das (de)	telugu	[tɛlʊgʊ]
wasbeer (de)	rakun	[rakʊn]
hamster (de)	hamster	[hamster]
marmot (de)	marmot	[marmot]
mol (de)	tikus tanah	[tikʊs tanah]
muis (de)	mencit	[mɛntʃit]
rat (de)	tikus mondok	[tikʊs mondok]
vleermuis (de)	kelawar	[kɛlavar]
hermelijn (de)	ermin	[ermin]
sabeldier (het)	sable	[sable]
marter (de)	marten	[marten]
wezel (de)	wesel	[vesel]
nerts (de)	mink	[miŋk]

bever (de)	beaver	[biver]
otter (de)	memerang	[mɛmɛraŋ]
paard (het)	kuda	[kʊda]
eland (de)	rusa elk	[rʊsa elk]
hert (het)	rusa	[rʊsa]
kameel (de)	unta	[ʊnta]
bizon (de)	bison	[bison]
oeros (de)	aurochs	[oroks]
buffel (de)	kerbau	[kɛrbaʊ]
zebra (de)	kuda belang	[kʊda bɛlaŋ]
antilope (de)	antelop	[antelop]
ree (de)	kijang	[kidʒaŋ]
damhert (het)	rusa	[rʊsa]
gems (de)	chamois	[ʃɛmva]
everzwijn (het)	babi hutan jantan	[babi hʊtan dʒantan]
walvis (de)	ikan paus	[ikan paʊs]
rob (de)	anjing laut	[andʒiŋ laʊt]
walrus (de)	walrus	[valrʊs]
zeehond (de)	anjing laut berbulu	[andʒiŋ laʊt bɛrbʊlʊ]
dolfijn (de)	lumba-lumba	[lʊmba lʊmba]
beer (de)	beruang	[bɛrʊaŋ]
IJsbeer (de)	beruang kutub	[bɛrʊaŋ kʊtʊb]
panda (de)	panda	[panda]
aap (de)	monyet	[moɲjet]
chimpansee (de)	cimpanzi	[tʃimpanzi]
orang-oetan (de)	orang hutan	[oraŋ hʊtan]
gorilla (de)	gorila	[gorila]
makaak (de)	kera	[kra]
gibbon (de)	ungka	[ʊŋka]
olifant (de)	gajah	[gadʒah]
neushoorn (de)	badak	[badak]
giraffe (de)	zirafah	[zirafah]
nijlpaard (het)	kuda air	[kʊda air]
kangoeroe (de)	kanggaru	[kaŋgarʊ]
koala (de)	koala	[koala]
mangoest (de)	cerpelai	[tʃɛrpelaɪ]
chinchilla (de)	chinchilla	[tʃintʃilla]
stinkdier (het)	skunk	[skʊŋk]
stekelvarken (het)	landak	[landak]

176. Huisdieren

poes (de)	kucing betina	[kʊtʃiŋ bɛtina]
kater (de)	kucing jantan	[kʊtʃiŋ dʒantan]
hond (de)	anjing	[andʒiŋ]

paard (het)	kuda	[kʊda]
hengst (de)	kuda jantan	[kʊda dʒantan]
merrie (de)	kuda betina	[kʊda bɛtina]

koe (de)	lembu	[lɛmbʊ]
stier (de)	lembu jantan	[lɛmbʊ dʒantan]
os (de)	lembu jantan	[lɛmbʊ dʒantan]

schaap (het)	kambing biri-biri	[kambiŋ biri biri]
ram (de)	biri-biri jantan	[biri biri dʒantan]
geit (de)	kambing betina	[kambiŋ bɛtina]
bok (de)	kambing jantan	[kambiŋ dʒantan]

| ezel (de) | keldai | [kɛldaɪ] |
| muilezel (de) | baghal | [baghal] |

varken (het)	babi	[babi]
biggetje (het)	anak babi	[anak babi]
konijn (het)	arnab	[arnab]

| kip (de) | ayam | [ajam] |
| haan (de) | ayam jantan | [ajam dʒantan] |

eend (de)	itik	[itik]
woerd (de)	itik jantan	[itik dʒantan]
gans (de)	angsa	[aŋsa]

| kalkoen haan (de) | ayam belanda jantan | [ajam blanda dʒantan] |
| kalkoen (de) | ayam belanda betina | [ajam blanda bɛtina] |

huisdieren (mv.)	binatang ternakan	[binataŋ tɛrnakan]
tam (bijv. hamster)	jinak	[dʒinak]
temmen (tam maken)	menjinak	[mɛndʒinak]
fokken (bijv. paarden ~)	memelihara	[mɛmɛlihara]

boerderij (de)	ladang, estet	[ladaŋ], [estet]
gevogelte (het)	ayam-itik	[ajam itik]
rundvee (het)	ternakan	[tɛrnakan]
kudde (de)	kawanan	[kavanan]

paardenstal (de)	kandang kuda	[kandaŋ kʊda]
zwijnenstal (de)	kandang babi	[kandaŋ babi]
koeienstal (de)	kandang lembu	[kandaŋ lɛmbʊ]
konijnenhok (het)	sangkar arnab	[saŋkar arnab]
kippenhok (het)	kandang ayam	[kandaŋ ajam]

177. Honden. Hondenrassen

hond (de)	anjing	[andʒiŋ]
herdershond (de)	anjing gembala	[andʒiŋ gɛmbala]
Duitse herdershond (de)	anjing gembala jerman	[andʒiŋ gɛmbala dʒerman]
poedel (de)	poodle	[pʊdl]
teckel (de)	dachshund	[dɛksand]
buldog (de)	bulldog	[baldog]

boxer (de)	anjing boxer	[andʒiŋ bokser]
mastiff (de)	mastiff	[mastif]
rottweiler (de)	rottweiler	[rotvaɪler]
doberman (de)	Doberman	[doberman]

basset (de)	anjing basset	[andʒiŋ baset]
bobtail (de)	bobtail	[bobteɪl]
dalmatièr (de)	Dalmatian	[dalmatian]
cockerspaniël (de)	cocker spaniel	[koker spaniɛl]

| newfoundlander (de) | Newfoundland | [njyfaʊndlɛnd] |
| sint-bernard (de) | Saint Bernard | [seɪnt bernard] |

poolhond (de)	Husky	[haski]
chowchow (de)	Chow Chow	[tʃaʊ tʃaʊ]
spits (de)	spitz	[spitts]
mopshond (de)	anjing pug	[andʒiŋ pag]

178. Dierengeluiden

geblaf (het)	gonggongan	[goŋgoŋan]
blaffen (ww)	menggonggong	[mɛŋgoŋgoŋ]
miauwen (ww)	mengiau	[mɛŋiaʊ]
spinnen (katten)	berdengkur	[bɛrdɛŋkʊr]

loeien (ov. een koe)	menguak	[mɛŋwak]
brullen (stier)	mendenguh	[mɛndɛŋʊh]
grommen (ov. de honden)	menggeram	[mɛŋgɛram]

gehuil (het)	raungan	[raʊŋan]
huilen (wolf, enz.)	meraung	[mɛraʊŋ]
janken (ov. een hond)	melolong	[mɛloloŋ]

mekkeren (schapen)	mengembek	[mɛŋembek]
knorren (varkens)	mendengkur	[mɛndɛŋkʊr]
gillen (bijv. varken)	menjerit	[mɛndʒɛrit]

kwaken (kikvorsen)	menguak	[mɛŋwak]
zoemen (hommel, enz.)	mendengung	[mɛndɛŋʊŋ]
tjirpen (sprinkhanen)	mencicit	[mɛntʃitʃit]

179. Vogels

vogel (de)	burung	[bʊrʊŋ]
duif (de)	burung merpati	[bʊrʊŋ mɛrpati]
mus (de)	burung pipit	[bʊrʊŋ pipit]
koolmees (de)	burung tit	[bʊrʊŋ tit]
ekster (de)	murai	[mʊraɪ]

raaf (de)	burung raven	[bʊrʊŋ raven]
kraai (de)	burung gagak	[bʊrʊŋ gagak]
kauw (de)	burung jackdaw	[bʊrʊŋ dʒɛkdo]

roek (de)	burung rook	[bʊrʊŋ rʊk]
eend (de)	itik	[itik]
gans (de)	angsa	[aŋsa]
fazant (de)	burung kuang	[bʊrʊŋ kʊaŋ]

arend (de)	helang	[hɛlaŋ]
havik (de)	burung helang	[bʊrʊŋ hɛlaŋ]
valk (de)	burung falcon	[bʊrʊŋ falkon]

| gier (de) | hering | [hɛriŋ] |
| condor (de) | kondor | [kondor] |

zwaan (de)	swan	[svon]
kraanvogel (de)	burung jenjang	[bʊrʊŋ dʒɛndʒaŋ]
ooievaar (de)	burung botak	[bʊrʊŋ botak]

papegaai (de)	burung nuri	[bʊrʊŋ nʊri]
kolibrie (de)	burung madu	[bʊrʊŋ madʊ]
pauw (de)	burung merak	[bʊrʊŋ mɛrak]

| struisvogel (de) | burung unta | [bʊrʊŋ ʊnta] |
| reiger (de) | burung pucung | [bʊrʊŋ pʊtʃʊŋ] |

| flamingo (de) | burung flamingo | [bʊrʊŋ flamiŋo] |
| pelikaan (de) | burung undan | [bʊrʊŋ ʊndan] |

| nachtegaal (de) | burung merbah | [bʊrʊŋ mɛrbah] |
| zwaluw (de) | burung layang-layang | [bʊrʊŋ lajaŋ lajaŋ] |

lijster (de)	burung murai	[bʊrʊŋ mʊraɪ]
zanglijster (de)	burung song thrush	[bʊrʊŋ soŋ traʃ]
merel (de)	burung hitam	[bʊrʊŋ hitam]

gierzwaluw (de)	burung walet	[bʊrʊŋ valet]
leeuwerik (de)	seri ayu	[sri ay]
kwartel (de)	burung puyuh	[bʊrʊŋ pʊyh]

specht (de)	burung belatuk	[bʊrʊŋ bɛlatʊk]
koekoek (de)	sewah padang	[sɛvah padaŋ]
uil (de)	burung hantu	[bʊrʊŋ hantʊ]
oehoe (de)	burung jampok	[bʊrʊŋ dʒampok]
auerhoen (het)	wood grouse	[vʊd graʊs]

| korhoen (het) | grouse hitam | [graʊs hitam] |
| patrijs (de) | ayam hutan | [ajam hʊtan] |

spreeuw (de)	burung starling	[bʊrʊŋ starliŋ]
kanarie (de)	burung kenari	[bʊrʊŋ kɛnari]
hazelhoen (het)	burung hazel grouse	[bʊrʊŋ hazel graʊs]

| vink (de) | burung chaffinch | [bʊrʊŋ tʃafintʃ] |
| goudvink (de) | burung bullfinch | [bʊrʊŋ bʊlfintʃ] |

meeuw (de)	burung camar	[bʊrʊŋ tʃamar]
albatros (de)	albatros	[albatros]
pinguïn (de)	penguin	[peŋʊin]

180. Vogels. Zingen en geluiden

fluiten, zingen (ww)	menyanyi	[mɛɲjaɲi]
schreeuwen (dieren, vogels)	memanggil	[mɛmaŋgil]
kraaien (ov. een haan)	berkokok	[bɛrkokok]
kukeleku	kukurukuk	[kʊkʊrʊkʊk]
klokken (hen)	berketak-ketak	[bɛrkɛtak kɛtak]
krassen (kraai)	menggauk	[mɛŋgaʊk]
kwaken (eend)	menguek	[mɛŋʊek]
piepen (kuiken)	berdecit	[bɛrdɛtʃit]
tjilpen (bijv. een mus)	berkicau	[bɛrkitʃaʊ]

181. Vis. Zeedieren

brasem (de)	ikan bream	[ikan brim]
karper (de)	ikan kap	[ikan kap]
baars (de)	ikan puyu	[ikan pʊy]
meerval (de)	ikan keli	[ikan kli]
snoek (de)	ikan paik	[ikan paɪk]
zalm (de)	salmon	[salmon]
steur (de)	ikan sturgeon	[ikan stʊrgeon]
haring (de)	ikan hering	[ikan hɛriŋ]
atlantische zalm (de)	salmon Atlantik	[salmon atlantik]
makreel (de)	ikan tenggiri	[ikan tɛngiri]
platvis (de)	ikan sebelah	[ikan sɛblah]
snoekbaars (de)	ikan zander	[ikan zander]
kabeljauw (de)	ikan kod	[ikan kod]
tonijn (de)	tuna	[tʊna]
forel (de)	ikan trout	[ikan troʊt]
paling (de)	ikan belut	[ikan bɛlʊt]
sidderrog (de)	ikan pari elektrik	[ikan pari ɛlektrik]
murene (de)	ikan moray eel	[ikan moreɪ il]
piranha (de)	pirana	[pirana]
haai (de)	jerung	[dʒɛrʊŋ]
dolfijn (de)	lumba-lumba	[lʊmba lʊmba]
walvis (de)	ikan paus	[ikan paʊs]
krab (de)	ketam	[kɛtam]
kwal (de)	ubur-ubur	[ʊbʊr ʊbʊr]
octopus (de)	sotong kurita	[sotoŋ kʊrita]
zeester (de)	tapak sulaiman	[tapak sʊlaɪman]
zee-egel (de)	landak laut	[landak laʊt]
zeepaardje (het)	kuda laut	[kʊda laʊt]
oester (de)	tiram	[tiram]
garnaal (de)	udang	[ʊdaŋ]

| kreeft (de) | udang karang | [ʊdaŋ karaŋ] |
| langoest (de) | udang krai | [ʊdaŋ kraɪ] |

182. Amfibieën. Reptielen

| slang (de) | ular | [ʊlar] |
| giftig (slang) | beracun | [bɛratʃʊn] |

adder (de)	ular beludak	[ʊlar bɛlʊdak]
cobra (de)	kobra	[kobra]
python (de)	ular sawa	[ʊlar sava]
boa (de)	ular boa	[ʊlar boa]

ringslang (de)	ular cincin emas	[ʊlar tʃintʃin ɛmas]
ratelslang (de)	ular orok-orok	[ʊlar orok orok]
anaconda (de)	ular anaconda	[ʊlar anakonda]

hagedis (de)	cicak	[tʃitʃak]
leguaan (de)	iguana	[iguana]
varaan (de)	biawak	[biavak]
salamander (de)	salamander	[salamandɛr]
kameleon (de)	sumpah-sumpah	[sʊmpah sʊmpah]
schorpioen (de)	kala jengking	[kala dʒɛŋkiŋ]

schildpad (de)	kura-kura	[kʊra kʊra]
kikker (de)	katak	[katak]
pad (de)	katak puru	[katak pʊrʊ]
krokodil (de)	buaya	[bʊaja]

183. Insecten

insect (het)	serangga	[sɛraŋga]
vlinder (de)	rama-rama	[rama rama]
mier (de)	semut	[sɛmʊt]
vlieg (de)	lalat	[lalat]
mug (de)	nyamuk	[ɲamʊk]
kever (de)	kumbang	[kʊmbaŋ]

wesp (de)	penyengat	[pɛɲeŋat]
bij (de)	lebah	[lɛbah]
hommel (de)	kumbang	[kʊmbaŋ]
horzel (de)	lalat kerbau	[lalat kɛrbaʊ]

| spin (de) | labah-labah | [labah labah] |
| spinnenweb (het) | sarang labah-labah | [saraŋ labah labah] |

libel (de)	pepatung	[pɛpatʊŋ]
sprinkhaan (de)	belalang	[bɛlalaŋ]
nachtvlinder (de)	kupu-kupu	[kʊpʊ kʊpʊ]

| kakkerlak (de) | lipas | [lipas] |
| mijt (de) | cengkenit | [tʃɛŋkɛnit] |

| vlo (de) | pinjal | [pindʒal] |
| kriebelmug (de) | agas | [agas] |

treksprinkhaan (de)	belalang juta	[bɛlalaŋ dʒuta]
slak (de)	siput	[siput]
krekel (de)	cengkerik	[tʃɛŋkrik]
glimworm (de)	kelip-kelip	[klip klip]
lieveheersbeestje (het)	kumbang kura-Kura	[kumbaŋ kura kura]
meikever (de)	kumbang kabai	[kumbaŋ kabaɪ]

bloedzuiger (de)	lintah	[lintah]
rups (de)	ulat bulu	[ulat bulu]
aardworm (de)	cacing	[tʃatʃiŋ]
larve (de)	larva	[larva]

184. Dieren. Lichaamsdelen

snavel (de)	paruh	[paruh]
vleugels (mv.)	sayap	[sajap]
poot (ov. een vogel)	kaki	[kaki]
verenkleed (het)	bulu	[bulu]
veer (de)	bulu pelepah	[bulu pɛlɛpah]
kuifje (het)	jambul	[dʒambul]

kieuwen (mv.)	insang	[insaŋ]
kuit, dril (de)	telur ikan	[tɛlur ikan]
larve (de)	larva	[larva]
vin (de)	sirip	[sirip]
schubben (mv.)	sisik	[sisik]

slagtand (de)	taring	[tariŋ]
poot (bijv. ~ van een kat)	kaki	[kaki]
muil (de)	muncung	[muntʃuŋ]
bek (mond van dieren)	mulut	[mulut]
staart (de)	ekor	[ekor]
snorharen (mv.)	misai	[misaɪ]

| hoef (de) | kuku-tapak | [kuku tapak] |
| hoorn (de) | tanduk | [tanduk] |

schild (schildpad, enz.)	tempurung kura-kura	[tɛmpuruŋ kura kura]
schelp (de)	cangkerang	[tʃaŋkraŋ]
eierschaal (de)	kulit telur	[kulit tɛlur]

| vacht (de) | bulu | [bulu] |
| huid (de) | kulit | [kulit] |

185. Dieren. Leefomgevingen

leefgebied (het)	habitat	[habitat]
migratie (de)	penghijrahan	[pɛŋhidʒrahan]
berg (de)	gunung	[gunuŋ]

| rif (het) | terumbu | [tɛrʊmbʊ] |
| klip (de) | cenuram | [ʧɛnʊram] |

bos (het)	hutan	[hʊtan]
jungle (de)	rimba	[rimba]
savanne (de)	savanna	[savana]
toendra (de)	tundra	[tʊndra]

steppe (de)	steppe	[step]
woestijn (de)	gurun	[gʊrʊn]
oase (de)	wahah	[vahah]

zee (de)	laut	[laʊt]
meer (het)	tasik	[tasik]
oceaan (de)	lautan	[laʊtan]

moeras (het)	bencah	[bɛnʧah]
zoetwater- (abn)	air tawar	[air tavar]
vijver (de)	kolam	[kolam]
rivier (de)	sungai	[sʊŋaɪ]

berenhol (het)	jerumun	[dʒɛrʊmʊn]
nest (het)	sarang	[saraŋ]
boom holte (de)	lubang pokok	[lʊbaŋ pokok]
hol (het)	lubang dalam tanah	[lʊbaŋ dalam tanah]
mierenhoop (de)	busut semut	[bʊsʊt sɛmʊt]

Flora

186. Bomen

boom (de)	pokok	[pokok]
loof- (abn)	daun luruh	[daʊn lʊrʊh]
dennen- (abn)	konifer	[konifer]
groenblijvend (bn)	malar hijau	[malar hidʒaʊ]

appelboom (de)	pokok epal	[pokok epal]
perenboom (de)	pokok pear	[pokok pɛar]
zoete kers (de)	pokok ceri manis	[pokok tʃeri manis]
zure kers (de)	pokok ceri	[pokok tʃeri]
pruimelaar (de)	pokok plam	[pokok plam]

berk (de)	pokok birch	[pokok 'bøtʃ]
eik (de)	oak	[oʊk]
linde (de)	pokok linden	[pokok linden]
esp (de)	pokok aspen	[pokok aspen]
esdoorn (de)	pokok mapel	[pokok mapel]

spar (de)	pokok fir	[pokok fir]
den (de)	pokok pain	[pokok paɪn]
lariks (de)	pokok larch	[pokok lartʃ]
zilverspar (de)	fir	[fir]
ceder (de)	pokok cedar	[pokok sidɛr]

populier (de)	pokok poplar	[pokok poplar]
lijsterbes (de)	pokok rowan	[pokok rovan]
wilg (de)	pokok willow	[pokok villoʊ]
els (de)	pokok alder	[pokok alder]
beuk (de)	pokok bic	[pokok bitʃ]
iep (de)	pokok elm	[pokok ɛlm]
es (de)	pokok abu	[pokok abʊ]
kastanje (de)	berangan	[bɛraŋan]

magnolia (de)	magnolia	[magnolia]
palm (de)	palma	[palma]
cipres (de)	pokok cipres	[pokok tʃipres]
mangrove (de)	bakau	[bakaʊ]
baobab (apenbroodboom)	baobab	[baobab]
eucalyptus (de)	eukaliptus	[ɛʊkaliptʊs]
mammoetboom (de)	sequoia	[sekʊoja]

187. Heesters

| struik (de) | pokok | [pokok] |
| heester (de) | pokok renek | [pokok renek] |

| wijnstok (de) | pokok anggur | [pokok aŋgʊr] |
| wijngaard (de) | kebun anggur | [qbʊn aŋgʊr] |

frambozenstruik (de)	pokok raspberi	[pokok rasberi]
zwarte bes (de)	pokok beri hitam	[pokok kismis hitam]
rode bessenstruik (de)	pokok kismis merah	[pokok kismis merah]
kruisbessenstruik (de)	pokok gusberi	[pokok gʊsberi]

acacia (de)	pokok akasia	[pokok akasia]
zuurbes (de)	pokok barberi	[pokok barberi]
jasmijn (de)	melati	[m'lati]

jeneverbes (de)	pokok juniper	[pokok dʒʊniper]
rozenstruik (de)	pokok mawar	[pokok mavar]
hondsroos (de)	brayer	[braɪer]

188. Champignons

paddenstoel (de)	cendawan	[ʧɛndavan]
eetbare paddenstoel (de)	cendawan yang boleh dimakan	[ʧɛndavan jaŋ bole dimakan]
giftige paddenstoel (de)	cendawan yang beracun	[ʧɛndavan jaŋ bɛraʧʊn]
hoed (de)	kepala	[kɛpala]
steel (de)	batang	[bataŋ]

gewoon eekhoorntjesbrood (het)	boletus	[boletʊs]
rosse populierenboleet (de)	cendawan topi jingga	[ʧɛndavan topi dʒiŋga]
berkenboleet (de)	cendawan boletus birc	[ʧɛndavan boletʊs birʧ]
cantharel (de)	cendawan chanterelle	[ʧɛndavan ʧɛnterel]
russula (de)	cendawan rusula	[ʧɛndavan rʊsʊla]

morille (de)	cendawan morel	[ʧɛndavan morel]
vliegenzwam (de)	cendawan Amanita muscaria	[ʧɛndavan amanita mʊskaria]
groene knolzwam (de)	cendawan kep kematian	[ʧɛndavan kep kɛmatian]

189. Vruchten. Bessen

| vrucht (de) | buah | [bʊah] |
| vruchten (mv.) | buah-buahan | [bʊah bʊahan] |

appel (de)	epal	[epal]
peer (de)	buah pear	[bʊah pear]
pruim (de)	plam	[plam]

aardbei (de)	strawberi	[stroberi]
zure kers (de)	buah ceri	[bʊah ʧeri]
zoete kers (de)	ceri manis	[ʧeri manis]
druif (de)	anggur	[aŋgʊr]
framboos (de)	raspberi	[rasberi]
zwarte bes (de)	beri hitam	[beri hitam]

rode bes (de)	buah kismis merah	[bʊah kismis merah]
kruisbes (de)	buah gusberi	[bʊah gʊsberi]
veenbes (de)	kranberi	[kranberi]

sinaasappel (de)	jeruk manis	[dʒerʊk manis]
mandarijn (de)	limau mandarin	[limaʊ mandarin]
ananas (de)	nanas	[nanas]
banaan (de)	pisang	[pisaŋ]
dadel (de)	buah kurma	[bʊah kʊrma]

citroen (de)	lemon	[lemon]
abrikoos (de)	aprikot	[aprikot]
perzik (de)	pic	[pitʃ]
kiwi (de)	kiwi	[kivi]
grapefruit (de)	limau gedang	[limaʊ gɛdaŋ]

bes (de)	buah beri	[bʊah beri]
bessen (mv.)	buah-buah beri	[bʊah bʊah beri]
vossenbes (de)	cowberry	[kaʊberi]
bosaardbei (de)	strawberi	[stroberi]
bosbes (de)	buah bilberi	[bʊah bilberi]

190. Bloemen. Planten

| bloem (de) | bunga | [bʊŋa] |
| boeket (het) | jambak bunga | [dʒambak bʊŋa] |

roos (de)	mawar	[mavar]
tulp (de)	tulip	[tʊlip]
anjer (de)	bunga teluki	[bʊŋa tɛlʊki]
gladiool (de)	bunga gladiola	[bʊŋa gladiola]

korenbloem (de)	bunga butang	[bʊŋa bʊtaŋ]
klokje (het)	bunga loceng	[bʊŋa lotʃɛŋ]
paardenbloem (de)	dandelion	[dandelion]
kamille (de)	bunga camomile	[bʊŋa kɛmomaɪl]

aloè (de)	lidah buaya	[lidah bʊaja]
cactus (de)	kaktus	[kaktʊs]
ficus (de)	pokok ara	[pokok ara]

lelie (de)	bunga lili	[bʊŋa lili]
geranium (de)	geranium	[geraniʊm]
hyacint (de)	bunga lembayung	[bʊŋa lɛmbayŋ]

mimosa (de)	bunga semalu	[bʊŋa sɛmalʊ]
narcis (de)	bunga narsisus	[bʊŋa narsisʊs]
Oostindische kers (de)	bunga nasturtium	[bʊŋa nastʊrtiʊm]

orchidee (de)	anggerik, okid	[aŋgrik], [okid]
pioenroos (de)	bunga peony	[bʊŋa peoni]
viooltje (het)	bunga violet	[bʊŋa violet]
driekleurig viooltje (het)	bunga pansy	[bʊŋa pɛnsi]
vergeet-mij-nietje (het)	bunga jangan lupakan daku	[bʊŋa dʒaŋan lʊpakan dakʊ]

madeliefje (het)	bunga daisi	[buŋa daɪsi]
papaver (de)	bunga popi	[buŋa popi]
hennep (de)	hem	[hem]
munt (de)	mint	[mint]

| lelietje-van-dalen (het) | lili lembah | [lili lɛmbah] |
| sneeuwklokje (het) | bunga titisan salji | [buŋa titisan saldʒi] |

brandnetel (de)	netel	[netel]
veldzuring (de)	sorrel	[sorel]
waterlelie (de)	bunga telepok	[buŋa tɛlepok]
varen (de)	paku-pakis	[paku pakis]
korstmos (het)	liken	[liken]

oranjerie (de)	rumah hijau	[rumah hidʒaʊ]
gazon (het)	lon	[lon]
bloemperk (het)	batas bunga	[batas buŋa]

plant (de)	tumbuhan	[tumbuhan]
gras (het)	rumput	[rumpʊt]
grasspriet (de)	sehelai rumput	[sɛhelaɪ rumpʊt]

blad (het)	daun	[daʊn]
bloemblad (het)	kelopak	[kɛlopak]
stengel (de)	batang	[bataŋ]
knol (de)	ubi	[ʊbi]

| scheut (de) | tunas | [tʊnas] |
| doorn (de) | duri | [dʊri] |

bloeien (ww)	berbunga	[bɛrbuŋa]
verwelken (ww)	layu	[lay]
geur (de)	bau	[baʊ]
snijden (bijv. bloemen ~)	memotong	[mɛmotoŋ]
plukken (bloemen ~)	memetik	[mɛmɛtik]

191. Granen, graankorrels

graan (het)	biji-bijian	[bidʒi bidʒian]
graangewassen (mv.)	padi-padian	[padi padian]
aar (de)	bulir	[bʊlir]

tarwe (de)	gandum	[gandʊm]
rogge (de)	rai	[raɪ]
haver (de)	oat	[oat]
gierst (de)	sekoi	[sɛkoɪ]
gerst (de)	barli	[barli]

maïs (de)	jagung	[dʒagʊŋ]
rijst (de)	beras	[bras]
boekweit (de)	bakwit	[bakvit]

| erwt (de) | kacang sepat | [katʃaŋ sɛpat] |
| boon (de) | kacang buncis | [katʃaŋ bʊntʃis] |

soja (de)	**kacang soya**	[katʃaŋ soja]
linze (de)	**kacang lentil**	[katʃaŋ lentil]
bonen (mv.)	**kacang**	[katʃaŋ]

REGIONALE AARDRIJKSKUNDE

Landen. Nationaliteiten

192. Politiek. Overheid. Deel 1

politiek (de)	politik	[politik]
politiek (bn)	politik	[politik]
politicus (de)	ahli politik	[ahli politik]
staat (land)	negara	[nɛgara]
burger (de)	rakyat	[rakjat]
staatsburgerschap (het)	kerakyatan	[kɛrakjatan]
nationaal wapen (het)	jata negara	[dʒata nɛgara]
volkslied (het)	lagu kebangsaan	[lagʊ kɛbaŋsa:n]
regering (de)	kerajaan	[kɛradʒa:n]
staatshoofd (het)	kepala negara	[kɛpala nɛgara]
parlement (het)	parlimen	[parlimɛn]
partij (de)	parti	[parti]
kapitalisme (het)	kapitalisme	[kapitalismɛ]
kapitalistisch (bn)	kapitalis	[kapitalis]
socialisme (het)	sosialisme	[sosialismɛ]
socialistisch (bn)	sosialis	[sosialis]
communisme (het)	komunisme	[komʊnismɛ]
communistisch (bn)	komunis	[komʊnis]
communist (de)	orang komunis	[oraŋ komʊnis]
democratie (de)	demokrasi	[demokrasi]
democraat (de)	demokrat	[demokrat]
democratisch (bn)	demokratik	[demokratik]
democratische partij (de)	Parti Demokrat	[parti demokrat]
liberaal (de)	orang liberal	[oraŋ liberal]
liberaal (bn)	liberal	[liberal]
conservator (de)	orang yang konservatif	[oraŋ jaŋ konservatif]
conservatief (bn)	konservatif	[konservatif]
republiek (de)	republik	[repʊblik]
republikein (de)	ahli Parti Republikan	[ahli parti repʊblikan]
Republikeinse Partij (de)	Parti Republikan	[parti repʊblikan]
verkiezing (de)	pilihan raya	[pilihan raja]
kiezen (ww)	memilih	[mɛmilih]
kiezer (de)	pengundi	[pɛŋʊndi]

verkiezingscampagne (de)	kempen pilihan raya	[kempen pilihan raja]
stemming (de)	pengundian	[pɛŋʊndian]
stemmen (ww)	mengundi	[mɛŋʊndi]
stemrecht (het)	hak mengundi	[hak mɛŋʊndi]

kandidaat (de)	calon	[ʧalon]
zich kandideren	mencalonkan diri	[mɛnʧaloŋkan diri]
campagne (de)	kempen	[kempen]

oppositie- (abn)	pembangkang	[pɛmbaŋkaŋ]
oppositie (de)	bangkangan	[baŋkaŋan]

bezoek (het)	lawatan	[lavatan]
officieel bezoek (het)	lawatan rasmi	[lavatan rasmi]
internationaal (bn)	antarabangsa	[antarabaŋsa]

onderhandelingen (mv.)	rundingan	[rʊndiŋan]
onderhandelen (ww)	mengadakan rundingan	[mɛŋadakan rʊndiŋan]

193. Politiek. Overheid. Deel 2

maatschappij (de)	masyarakat	[maɕarakat]
grondwet (de)	perlembagaan	[pɛrlɛmbaga:n]
macht (politieke ~)	kekuasaan	[kɛkʊasa:n]
corruptie (de)	rasuah	[rasʊah]

wet (de)	undang-undang	[ʊndaŋ ʊndaŋ]
wettelijk (bn)	sah	[sah]

rechtvaardigheid (de)	keadilan	[kɛadilan]
rechtvaardig (bn)	adil	[adil]

comité (het)	jawatankuasa	[dʒavataŋkwasa]
wetsvoorstel (het)	rang undang-undang	[raŋ ʊndaŋ ʊndaŋ]
begroting (de)	bajet	[badʒet]
beleid (het)	dasar	[dasar]
hervorming (de)	reformasi	[reformasi]
radicaal (bn)	radikal	[radikal]

macht (vermogen)	kuasa	[kʊasa]
machtig (bn)	adi kuasa	[adi kʊasa]
aanhanger (de)	penyokong	[pɛɲiokoŋ]
invloed (de)	pengaruh	[pɛŋarʊh]

regime (het)	rejim	[redʒim]
conflict (het)	sengketa	[sɛŋketa]
samenzwering (de)	komplotan	[komplotan]
provocatie (de)	provokasi	[provokasi]

omverwerpen (ww)	menggulingkan	[mɛŋgʊliŋkan]
omverwerping (de)	penggulingan	[pɛŋgʊliŋan]
revolutie (de)	revolusi	[revolusi]
staatsgreep (de)	rampasan kuasa	[rampasan kʊasa]
militaire coup (de)	kudeta tentera	[kʊdeta tɛntra]

crisis (de)	krisis	[krisis]
economische recessie (de)	kemerosotan ekonomi	[kɛmɛrosotan ekonomi]
betoger (de)	petunjuk perasaan	[pɛtʊndʒʊk pɛrasaːn]
betoging (de)	tunjuk perasaan	[tʊndʒʊk pɛrasaːn]
krijgswet (de)	keadaan darurat	[kɛadaːn darʊrat]
militaire basis (de)	pangkalan tentera	[paŋkalan tɛntra]

| stabiliteit (de) | kestabilan | [kɛstabilan] |
| stabiel (bn) | stabil | [stabil] |

| uitbuiting (de) | eksploitasi | [eksplɔɪtasi] |
| uitbuiten (ww) | mengeksploit | [mɛŋeksplɔɪt] |

racisme (het)	rasisme	[rasismɛ]
racist (de)	rasis	[rasis]
fascisme (het)	fasisme	[fasismɛ]
fascist (de)	orang fasis	[oraŋ fasis]

194. Landen. Diversen

vreemdeling (de)	orang asing	[oraŋ asiŋ]
buitenlands (bn)	asing	[asiŋ]
in het buitenland (bw)	di luar negara	[di lʊar nɛgara]

emigrant (de)	penghijrah	[pɛŋhidʒrah]
emigratie (de)	penghijrahan	[pɛŋhidʒrahan]
emigreren (ww)	berhijrah	[bɛrhidʒrah]

Westen (het)	Barat	[barat]
Oosten (het)	Timur	[timʊr]
Verre Oosten (het)	Timur Jauh	[timʊr dʒaʊh]

beschaving (de)	tamadun	[tamadʊn]
mensheid (de)	umat manusia	[ʊmat manʊsia]
wereld (de)	dunia	[dʊnia]
vrede (de)	keamanan	[kɛamanan]
wereld- (abn)	sedunia	[sɛdʊnia]

vaderland (het)	tanah air	[tanah air]
volk (het)	rakyat	[rakjat]
bevolking (de)	penduduk	[pɛndʊdʊk]
mensen (mv.)	orang ramai	[oraŋ ramaɪ]
natie (de)	bangsa	[baŋsa]
generatie (de)	generasi	[generasi]

gebied (bijv. bezette ~en)	wilayah	[vilajah]
regio, streek (de)	kawasan	[kavasan]
deelstaat (de)	negeri	[nɛgri]

traditie (de)	tradisi	[tradisi]
gewoonte (de)	kebiasaan	[kɛbiasaːn]
ecologie (de)	ekologi	[ekologi]
Indiaan (de)	Indian	[indian]
zigeuner (de)	lelaki Jipsi	[lɛlaki dʒipsi]

zigeunerin (de)	**perempuan Jipsi**	[pɛrɛmpʊan dʒipsi]
zigeuner- (abn)	**Jipsi**	[dʒipsi]

rijk (het)	**empayar**	[empajar]
kolonie (de)	**tanah jajahan**	[tanah dʒadʒahan]
slavernij (de)	**perhambaan**	[pɛrhambaːn]
invasie (de)	**serangan**	[sɛraŋan]
hongersnood (de)	**kebuluran**	[kɛbʊlʊran]

195. Grote religieuze groepen. Bekentenissen

religie (de)	**agama**	[agama]
religieus (bn)	**agama**	[agama]

geloof (het)	**kepercayaan**	[kɛpɛrtʃajaːn]
geloven (ww)	**percaya**	[pɛrtʃaja]
gelovige (de)	**penganut agama**	[pɛŋanʊt agama]

atheïsme (het)	**ateisme**	[ateismɛ]
atheïst (de)	**ateis**	[ateis]

christendom (het)	**agama Kristian**	[agama kristian]
christen (de)	**orang Kristian**	[oraŋ kristian]
christelijk (bn)	**Kristian**	[kristian]

katholicisme (het)	**Katolikisme**	[katolikismɛ]
katholiek (de)	**Katolik**	[katolik]
katholiek (bn)	**Katolik**	[katolik]

protestantisme (het)	**Protestanisme**	[protestanismɛ]
Protestante Kerk (de)	**Gereja Protestan**	[gɛredʒa protestan]
protestant (de)	**Protestan**	[protestan]

orthodoxie (de)	**Ortodoksi**	[ortodoksi]
Orthodoxe Kerk (de)	**Gereja Ortodoks**	[gɛredʒa ortodoks]
orthodox	**Ortodoksi**	[ortodoksi]

presbyterianisme (het)	**Presbyterianisme**	[presbiterianismɛ]
Presbyteriaanse Kerk (de)	**Gereja Presbyterian**	[gɛredʒa presbiterian]
presbyteriaan (de)	**penganut Gereja Presbyterian**	[pɛŋanʊt gɛredʒa presbiterian]

lutheranisme (het)	**Gereja Luther**	[gɛredʒa lʊter]
lutheraan (de)	**pengikut faham Luther**	[pɛŋikʊt faham lʊter]

baptisme (het)	**Gereja Baptis**	[gɛredʒa baptis]
baptist (de)	**Penganut Agama Kristian Baptis**	[pɛŋanʊt agama kristian baptis]

Anglicaanse Kerk (de)	**Gereja Anglikan**	[gɛredʒa aŋlikan]
anglicaan (de)	**penganut Anglikanisme**	[pɛŋanʊt aŋlikanismɛ]
mormonisme (het)	**Mormonisme**	[mormonismɛ]
mormoon (de)	**Mormon**	[mormon]
Jodendom (het)	**agama Yahudi**	[agama jahʊdi]

jood (aanhanger van het Jodendom)	orang Yahudi	[oraŋ jahʊdi]
boeddhisme (het)	agama Budha	[agama bʊdha]
boeddhist (de)	penganut agama Budha	[pɛŋanʊt agama bʊdha]
hindoeïsme (het)	Hinduisme	[hindʊismɛ]
hindoe (de)	orang Hindu	[oraŋ hindʊ]
islam (de)	Islam	[islam]
islamiet (de)	Muslim	[mʊslim]
islamitisch (bn)	Muslim	[mʊslim]
sjiisme (het)	Syiah	[ʃiah]
sjiiet (de)	penganut Syiah	[pɛŋanʊt ʃiah]
soennisme (het)	faham Sunah	[faham sʊnah]
soenniet (de)	ahli Sunah	[ahli sʊnah]

196. Religies. Priesters

priester (de)	paderi	[padri]
paus (de)	Paus	[paʊs]
monnik (de)	biarawan	[biaravan]
non (de)	biarawati	[biaravati]
pastoor (de)	paderi	[padri]
abt (de)	kepala biara	[kɛpala biara]
vicaris (de)	vikar	[vikar]
bisschop (de)	uskup	[ʊskʊp]
kardinaal (de)	kardinal	[kardinal]
predikant (de)	pengkhutbah	[pɛŋhʊtbah]
preek (de)	khutbah	[hʊtbah]
kerkgangers (mv.)	ahli kariah	[ahli kariah]
gelovige (de)	penganut agama	[pɛŋanʊt agama]
atheïst (de)	ateis	[ateis]

197. Geloof. Christendom. Islam

Adam	Adam	[adam]
Eva	Hawa	[hava]
God (de)	Tuhan	[tʊhan]
Heer (de)	Tuhan	[tʊhan]
Almachtige (de)	Maha Berkuasa	[maha bɛrkʊasa]
zonde (de)	dosa	[dosa]
zondigen (ww)	berdosa	[bɛrdosa]
zondaar (de)	pedosa lelaki	[pɛdosa lɛlaki]
zondares (de)	pedosa perempuan	[pɛdosa pɛrɛmpʊan]
hel (de)	neraka	[nɛraka]

paradijs (het)	syurga	[ɕʊrga]
Jezus	Jesus	[dʒesʊs]
Jezus Christus	Jesus Christ	[dʒesʊs kraɪst]
Heilige Geest (de)	Roh Kudus	[roh kʊdʊs]
Verlosser (de)	Penyelamat	[pɛɲelamat]
Maagd Maria (de)	Maryam	[marjam]
duivel (de)	Syaitan	[ɕaɪtan]
duivels (bn)	Syaitan	[ɕaɪtan]
Satan	Syaitan	[ɕaɪtan]
satanisch (bn)	Syaitan	[ɕaɪtan]
engel (de)	malaikat	[malaikat]
beschermengel (de)	malaikat pelindung	[malaikat pɛlindʊŋ]
engelachtig (bn)	malaikat	[malaikat]
apostel (de)	rasul	[rasʊl]
aartsengel (de)	malaikat utama	[malaikat ʊtama]
antichrist (de)	Anti-Al-Masih	[anti al masih]
Kerk (de)	Gereja	[gɛredʒa]
bijbel (de)	Kitab Injil	[kitab indʒil]
bijbels (bn)	Injil	[indʒil]
Oude Testament (het)	Perjanjian Lama	[pɛrdʒandʒian lama]
Nieuwe Testament (het)	Perjanjian Baru	[pɛrdʒandʒian barʊ]
evangelie (het)	Kitab Injil	[kitab indʒil]
Heilige Schrift (de)	Kitab Suci	[kitab sʊt͡ʃi]
Hemel, Hemelrijk (de)	Syurga	[ɕʊrga]
gebod (het)	rukun	[rʊkʊn]
profeet (de)	nabi	[nabi]
profetie (de)	ramalan	[ramalan]
Allah	Allah	[alah]
Mohammed	Muhammad	[mʊhamad]
Koran (de)	Al Quran	[al kʊran]
moskee (de)	masjid	[masdʒid]
moellah (de)	mullah	[mʊlah]
gebed (het)	sembahyang	[sɛmbaɦjaŋ]
bidden (ww)	bersembahyang	[bɛrsɛmbaɦjaŋ]
pelgrimstocht (de)	ziarah	[ziarah]
pelgrim (de)	peziarah	[pɛziarah]
Mekka	Makkah	[makah]
kerk (de)	gereja	[gɛredʒa]
tempel (de)	rumah ibadat	[rʊmah ibadat]
kathedraal (de)	katedral	[katɛdral]
gotisch (bn)	Gothik	[gotik]
synagoge (de)	saumaah	[saʊma:h]
moskee (de)	masjid	[masdʒid]
kapel (de)	capel	[t͡ʃapel]
abdij (de)	biara	[biara]

| nonnenklooster (het) | biara | [biara] |
| mannenklooster (het) | biara | [biara] |

klok (de)	loceng	[lotʃeŋ]
klokkentoren (de)	menara loceng	[mɛnara lotʃeŋ]
luiden (klokken)	berbunyi	[bɛrbuɲi]

kruis (het)	salib	[salib]
koepel (de)	kubah	[kʊbah]
icoon (de)	ikon	[ikon]

ziel (de)	jiwa	[dʒiva]
lot, noodlot (het)	takdir	[takdir]
kwaad (het)	kejahatan	[kɛdʒahatan]
goed (het)	kebaikan	[kɛbaikan]

vampier (de)	vampir	[vampir]
heks (de)	langsuir	[laŋsuir]
demoon (de)	hantu	[hantʊ]
duivel (de)	syaitan	[ɕaɪtan]
geest (de)	roh	[roh]

| verzoeningsleer (de) | penebusan | [pɛnɛbusan] |
| vrijkopen (ww) | menebus | [mɛnɛbʊs] |

mis (de)	misa	[misa]
de mis opdragen	melangsungkan misa	[mɛlaŋsʊŋkan misa]
biecht (de)	pengakuan dosa	[pɛŋakʊan dosa]
biechten (ww)	mengaku dosa	[mɛŋakʊ dosa]

heilige (de)	orang suci	[oraŋ sʊtʃi]
heilig (bn)	suci	[sʊtʃi]
wijwater (het)	air suci	[air sʊtʃi]

ritueel (het)	ritual	[ritʊal]
ritueel (bn)	ritual	[ritʊal]
offerande (de)	pengorbangan	[pɛŋorbaŋan]

| bijgeloof (het) | kepercayaan karut | [kɛpɛrtʃaja:n karʊt] |
| bijgelovig (bn) | yang percaya kepada kepercayaan karut | [jaŋ pɛrtʃaja kɛpada kɛpɛrtʃaja:n karʊt] |

| hiernamaals (het) | akhirat | [akhirat] |
| eeuwige leven (het) | hidup abadi | [hidʊp abadi] |

DIVERSEN

198. Diverse nuttige woorden

achtergrond (de)	latar belakang	[latar blakaŋ]
balans (de)	perimbangan	[pɛrimbaŋan]
basis (de)	pangkalan	[paŋkalan]
begin (het)	permulaan	[pɛrmʊlaːn]
beurt (wie is aan de ~?)	giliran	[giliran]
categorie (de)	kategori	[katɛgori]
comfortabel (~ bed, enz.)	selesa	[sɛlesa]
compensatie (de)	ganti rugi	[ganti rʊgi]
deel (gedeelte)	bahagian	[bahagian]
deeltje (het)	sekelumit	[sɛkɛlʊmit]
ding (object, voorwerp)	barang	[baraŋ]
dringend (bn, urgent)	segera	[sɛgɛra]
dringend (bw, met spoed)	segera	[sɛgɛra]
effect (het)	kesan	[kɛsan]
eigenschap (kwaliteit)	sifat	[sifat]
einde (het)	akhir	[akhir]
element (het)	unsur	[ʊnsʊr]
feit (het)	fakta	[fakta]
fout (de)	kesalahan	[kɛsalahan]
geheim (het)	rahsia	[rahsia]
graad (mate)	peringkat	[priŋkat]
groei (ontwikkeling)	pertumbuhan	[pɛrtʊmbʊhan]
hindernis (de)	rintangan	[rintaŋan]
hinderpaal (de)	rintangan	[rintaŋan]
hulp (de)	bantuan	[bantʊan]
ideaal (het)	ideal	[ideal]
inspanning (de)	usaha	[ʊsaha]
keuze (een grote ~)	pilihan	[pilihan]
labyrint (het)	labirin	[labirin]
manier (de)	cara	[ʧara]
moment (het)	saat, sekejap mata	[saːt], [sɛkɛʤap mata]
nut (bruikbaarheid)	guna	[gʊna]
onderscheid (het)	perbezaan	[pɛrbɛzaːn]
ontwikkeling (de)	perkembangan	[pɛrkɛmbaŋan]
oplossing (de)	penyelesaian	[pɛɲjelɛsajan]
origineel (het)	original	[original]
pauze (de)	rehat	[rehat]
positie (de)	kedudukan	[kɛdʊdʊkan]
principe (het)	prinsip	[prinsip]

probleem (het)	masalah	[masalah]
proces (het)	proses	[proses]
reactie (de)	reaksi	[reaksi]

reden (om ~ van)	sebab	[sɛbab]
risico (het)	risiko	[risiko]
samenvallen (het)	kebetulan	[kɛbɛtʊlan]
serie (de)	siri	[siri]

situatie (de)	keadaan	[kɛada:n]
soort (bijv. ~ sport)	jenis	[dʒɛnis]
standaard (bn)	piawai	[piavaɪ]
standaard (de)	piawaian	[piavajan]
stijl (de)	gaya	[gaja]

stop (korte onderbreking)	perhentian	[pɛrhɛntian]
systeem (het)	sistem	[sistɛm]
tabel (bijv. ~ van Mendelejev)	carta	[ʧarta]
tempo (langzaam ~)	kadar	[kadar]
term (medische ~en)	istilah	[istilah]

type (soort)	jenis	[dʒɛnis]
variant (de)	varian	[varian]
veelvuldig (bn)	kerap	[kɛrap]
vergelijking (de)	perbandingan	[pɛrbandiŋan]
voorbeeld (het goede ~)	contoh	[ʧontoh]

voortgang (de)	kemajuan	[kɛmadʒʊan]
voorwerp (ding)	objek	[obdʒek]
vorm (uiterlijke ~)	bentuk, rupa	[bɛntʊk], [rʊpa]
waarheid (de)	kebenaran	[kɛbɛnaran]
zone (de)	zon	[zon]